Vorwort

Die Bundesregierung Deutschlands wird im Vierjahreszyklus neu gewählt. Alle vier Jahre behalten eventuell einige Politiker ihren Posten. Andere müssen für neue Politiker ihren Platz räumen. Da eine Partei in der Regel bei den Wahlen nicht die absolute Mehrheit erhält, muss sie per Koalition mit anderen Parteien versuchen, die absolute Mehrheit zu bilden. Ist dies nicht möglich, muss neu gewählt werden oder es regiert eine Minderheitsregierung. Nachteil: Die Minderheitsregierung muss mithilfe der Opposition Gesetze beschließen.

Für Koalitionen müssen die koalierenden Parteien mehr oder weniger Kompromisse eingehen, damit sie gemeinsam regieren können. Eine Partei beschließt vielleicht in der Legislaturperiode ein Gesetz (in den vier Regierungsjahren), welches sie unabhängig vom Koalitionspartner niemals beschlossen hätte.

Im Jahr 2014 wurden die Mütterrente und die Rente mit 63 beschlossen. Wie es nun mal so ist, gibt es auch hier wieder Gegner und Befürworter. Wenn ein Mensch physisch oder/und psychisch nicht mehr kann, muss er früher in Rente gehen können. Das ist auch gut so! Die Rente mit 63 ist ab dem 1. Juli 2014 gültig. Weitere Bedingung ist, dass man 45 Jahre in die Rentenkasse eingezahlt haben muss. Durch das vorgezogene Eintrittsalter müssen die noch Arbeitenden somit (langfristig gesehen) wahrscheinlich mehr zahlen oder die Renten werden im späten Alter sinken.

Vor den Europawahlen 2014 war die Rede von einer Straßenreparatursteuer. Sprich: Damit unsere Straßen repariert werden können, sind finanzielle Mittel notwendig und diese sollen durch die Straßenreparatursteuer erwirtschaftet werden. Mysteriös! Wofür gibt es die Kfz- und die Mineralölsteuer? Nach heutigem Stand (Juni 2014) scheint diese Steuer nicht eingeführt zu werden. Wer weiß?

Am 5. Juni 2014 hat die Europäische Zentralbank (EZB) den Leitzins von 0,25 auf 0,15% gesenkt.
Was macht die EZB? Die EZB regelt den Geldfluss innerhalb von Europa. Die EZB kann an unsere Banken Kredite vergeben, sodass die Banken wiederum uns (Firmen, Privatpersonen ...) Kredite anbieten können. Durch die Senkung des Leitzinses bieten uns die Banken günstigere Kredite an. Des Weiteren erhalten wir weniger Zinsen auf unserem Giro- und Tagesgeldkonto. Durch die Kredite soll die Wirtschaft angekurbelt werden.

Schaut man sich das Rentenniveau der letzten Jahrzehnte an, erkennt man, dass dieses tendenziell sinkt. Die Rente ist abhängig vom Einkommen. Gegen 1980 erhielt ein

Durchschnittsverdiener ca. 50% seines Nettoeinkommens als Rente. Im Jahre 2010 waren es ca. 43%. Daher werden uns eine Riesterrente und andere Finanzprodukte für die Altersvorsorge angeboten.

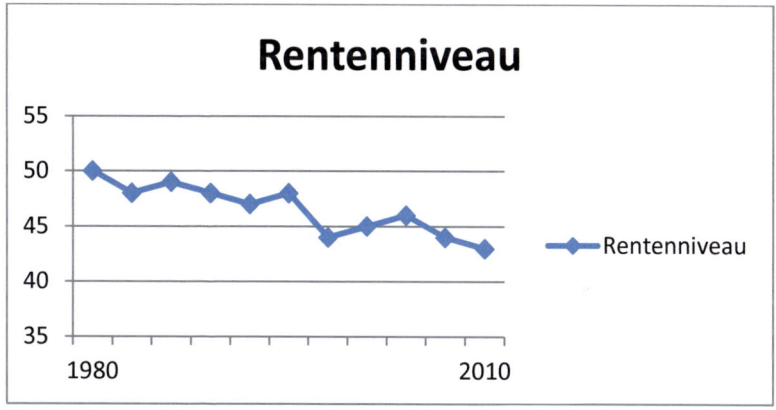

Die Werte in diesem Diagramm sind fiktiv, sollen aber die Tendenz des Rentenniveaus von 1980 bis 2010 zeigen.

Google Bildersuche: http://images.google.de
Suchbegriffe: rentenniveau entwicklung

Hin und wieder steigt das Rentenniveau, betrachtet man aber die letzten Jahrzehnte, sinkt das Rentenniveau tendenziell.

Wenn in einer Statistik Werte steigen und fallen, nennt man dies Volatilität. Sich auf eine zufriedenstellende staatliche Rente zu verlassen, ist also mit hohen Risiken verbunden. Ein Rentenniveau mit Volatilität und tendenziell fallendem Wert ist unzuverlässig. Wie wird es im Jahre 2040 ausschauen? Haben wir zu diesem Zeitpunkt ein Rentenniveau von ca. 30%? Gegebenenfalls kann es natürlich auch in

entgegengesetzte Richtung gehen und wir haben im Jahre 2040 ein Rentenniveau von ca. 60%. Wollen Sie abwarten und schauen, was passiert? Wissen Sie, ob das Rentenniveau fällt oder steigt? Womöglich wird in der nächsten Legislaturperiode die Rente ab 69 eingeführt, damit wir die Kosten stemmen können? Wer weiß? Das Rentenniveau würde dadurch wahrscheinlich wieder steigen.
Können Sie von 30% oder 60% Ihres Einkommens die Unterhaltungskosten Ihrer Wohnung oder die Miete und Verpflegung zahlen? Kommen Sie damit über die Runden? Haben Sie noch Geld für einen Urlaub? Wollen Sie wieder mal richtig einkaufen gehen? Waren Sie lange nicht mehr im Kino? Wollen Sie auf ein bestimmtes Konzert?
Hier ist ein einfaches Rechenbeispiel bei einem Einkommen von 1000€ netto. Im Jahre 1980 lag das Rentenniveau bei ca. 50%. Sprich: Ein Rentner erhält 500€ Rente und muss damit auskommen. Im Jahre 2010 lag das Rentenniveau bei ca. 43%. Ein Rentner erhält somit ca. 430€ Rente. Das sind im Vergleich zu 1980 exakt 70€ weniger. In einem Jahr wären das also 840€. Falls es Ihnen nicht aufgefallen ist, im Jahr 1980 gab es noch die Deutsche Mark. Das ändert aber nichts am Prinzip! Die Tendenz war auch schon vor dem Euro negativ!

Wenn Schulferien sind, steigen in der Regel die Spritpreise, da viele Menschen in den Urlaub fahren. Warum steigen die Preise? Durch die vielen Urlauber hat man auch ohne Preiserhöhung mehr Einnahmen. Wenn der Urlauber allerdings gezwungen ist, von A nach B zu fahren, muss er tanken. Tankt er nicht, muss das Auto stehen bleiben und er erreicht nicht das Urlaubsziel. Was kann der Urlauber dagegen unternehmen? Wenn er Kinder hat und nur in den Ferien in den Urlaub fahren kann, muss er den Preis zahlen. Unternehmen kann er dagegen nichts. Obwohl? Der Urlaubsfahrer kann auch während der Schulzeit mit seinen Kindern in den Urlaub fahren. Die Kinder werden in diesem Zeitraum nicht am Schulunterricht teilnehmen. C'est la vie. Ist das eine gute Idee? Der Urlauber spart somit einige Cent pro Liter. (Kleinvieh macht auch Mist.)

Warum unternimmt die Politik nichts gegen diese Preiserhöhungen? Eventuell liegt die Ursache darin, dass durch steigende Preise mehr Steuern gezahlt werden müssen. Die Mehreinnahmen können für Straßenreparaturen verwendet werden. Das wären sinnvolle Ausgaben.

Je nachdem welche Partei gerade regiert, wird ein politischer Weg eingeschlagen. Eventuell wird bei der nächsten oder übernächsten Legislaturperiode wieder ein anderer Weg eingeschlagen. Einige Menschen erhalten, weil sie das Glück haben, zum richtigen Zeitpunkt mit dem Arbeiten aufzuhören, ausreichend Rente. Andere wiederum haben das Pech, mit weniger Rente auskommen zu müssen. Die Praxisgebühr (Arztbesuch) in Höhe

von 10 Euro wurde wieder gecancelt. Im Jahre 2019 wird sie möglicherweise wieder eingeführt. Alternativ können auch die Krankenkassenbeiträge erhöht werden.
Besitzt man ein Haus, muss man eine jährliche Grundsteuer zahlen. Dazu kommen verschiedene Versicherungen, Heiz- und Stromkosten. Reduzieren die Hausbesitzer durch gute Isolierung, Erdwärme, Fotovoltaik, LED-Lampen etc. die Kosten, werden früher oder später bestimmte Steuern eingeführt, weil durch weniger Ausgaben der Menschen weniger Steuern eingenommen werden.
Die entscheidende Frage ist: Macht es für Otto Normalverbraucher Sinn, einen Kredit aufzunehmen, um Energie zu sparen? Das Haus muss isoliert werden. Die Fotovoltaikanlage muss auf das Dach. Löcher für die Erdwärme müssen gebohrt werden. Es gibt viele Möglichkeiten, Energie zu sparen. Wie lange dauert es, bis der Kredit abbezahlt wurde? Auch wenn der Leitzins durch die EZB auf 0,15% gesenkt wurde und die Banken uns günstigere Kredite anbieten können, müssen wir unter dem Strich monatlich unsere Raten zahlen. Nun haben wir zwar weniger Energiekosten, aber dafür müssen wir eben die monatlichen Raten (und Zinsen der Banken) zahlen. Am Ende der Laufzeit hat der Staat eventuell aufgrund gesunkener Einnahmen wieder die Steuern erhöht.

Was für ein Dilemma! Haben Sie durch den Kredit auf bestimmte Wünsche/Träume verzichten müssen?

Wir haben in Deutschland ein gutes Wirtschaftssystem/eine gute Infrastruktur. Die meisten von uns haben ein Dach über dem Kopf, fließend Wasser, beheizte Räume, der Bäcker oder Metzger ist zu Fuß, mit öffentlichen Verkehrsmitteln, mit dem Fahrrad/Auto bequem erreichbar. Fühlen wir uns krank, können wir jederzeit zum Arzt gehen und bekomen Medikamente, die uns in der Regel weiterhelfen.
Für Handy, Telefonanschluss, Vereinsmitgliedschaft, den monatlichen Kinobesuch, Fitnessstudio, Frisör, Geburtstagsgeschenke und andere Dinge können/müssen wir regelmäßig Geld zahlen. Hat man eine Familie, sind eventuell aus finanziellen Gründen einige dieser Punkte zu reduzieren, da beispielsweise die Klassenfahrt bezahlt werden muss. Man zieht sich aus Teilen der Gesellschaft zurück und isoliert sich, um die Ausgaben zu reduzieren, um das Dach über dem Kopf, fließend Wasser, Strom und Nahrung bezahlen zu können.

Können Sie Koalitionen beeinflussen?
Können Sie das Rentenniveau beeinflussen?
Können Sie die EZB beeinflussen?
Können Sie die steigenden Spritkosten beeinflussen?
...

Wahrscheinlich nicht. Sie können wählen gehen bzw. Sie sollten wählen gehen, aber es wird immer politische Entscheidungen geben, die Ihnen nicht passen und derentwegen Sie gegebenenfalls mehr zahlen müssen.

Können Sie auf einen Kredit verzichten?
Haben Sie Träume/Wünsche?
Wahrscheinlich ja.

Für die meisten werden wohl viele dieser Wünsche nicht in Erfüllung gehen. Fangen Sie mit einem kleinen Wunsch an. Seien sie realistisch. Möglicherweise wird dieser Wunsch zur Realität.

Success is the intersection where dreams and hard work meet.
Lynn Goldblatt

Das vorliegende Werk ist in all seinen Teilen urheberrechtlich geschützt. Alle Rechte vorbehalten, insbesondere das Recht der Übersetzung, des Vortrags, der Reproduktion, der Vervielfältigung auf fotomechanischen oder anderen Wegen und der Speicherung in elektronischen Medien. Ungeachtet der Sorgfalt, die auf die Erstellung von Text, Abbildungen und Programmen verwendet wurde, können der Autor und/oder Herausgeber für mögliche Fehler und deren Folgen eine juristische Verantwortung oder irgendeine Haftung nicht übernehmen. Die in diesem Werk wiedergegebenen Gebrauchsnamen, Handelsnamen, Waren-bezeichnungen usw. können auch ohne besondere Kennzeichnung Marken sein und als solche den gesetzlichen Bestimmungen unterliegen.

Herstellung und Verlag:
BoD – Books on Demand, Norderstedt
ISBN 978-3-7347-6476-9

Inhaltsverzeichnis

Vorwort 1
Bitte lesen - Hinweise zum Inhalt des Buches 11
Einleitung 13
Wünsche/Träume 14
Ereignisse in der menschlichen Gesellschaft 15
Glücksgefühle und die Gesundheit 23
Ziele festlegen (Priorisierung) 28
Glück erzwingen 32
Was sind Aktien? 38
Was sind Dividenden? 45
Welche Aktien kommen in Auswahl für einen Kauf? 49
Aktienplantage 55
Wo suche ich nach Konzernen? 67
Wie und wo kaufe ich die Aktien? 74
Steuerwahnsinn 83
Währungskurse 96
Finanzkrisen 99
Mentale Stärke 102
Der Einfluss der Politik und der Medien 108
*** ACHTUNG *** 112
Wie viele Aktien sollten im Depot sein? 115
Demut 116
Informationen sammeln 122
Kleine Aufgaben für dich 126
Bank wechseln 127
Steuerwahnsinn Teil 2 133
Zusammenfassung der wichtigsten Punkte 137
Persönliches Resümee 140
Buchempfehlungen 145
Beispiele Dividendenhistorie 146
Zitate von Unternehmen 153

Bitte lesen - Hinweise zum Inhalt des Buches

Die in diesem Buch beschriebenen Investitionsmöglichkeiten sind keine Kaufempfehlung.

Wie Sie Ihr Geld investieren, ist Ihr Risiko.

Wem Sie Ihr Geld anvertrauen, ist Ihr Risiko.

Sie sind für Ihr Geld verantwortlich.

In den verschiedenen Kapiteln kann von Steuern die Rede sein. Auch wenn darauf im Detail eingegangen wird, müssen Sie bezüglich der Steuern mit Ihrem Steuerberater/Finanzamt Kontakt aufnehmen. Die steuerrechtliche Lage kann je nach Person unterschiedlich sein.

Sie finden an verschiedenen Stellen im Buch Google-Suchbegriffe. Die Suchbegriffe sind immer kleingeschrieben, da bei E-Mail-Adressen, Internetseiten, Internetsuchen die Groß- bzw. Kleinschreibung irrelevant ist. Sie müssen danach nicht suchen. Da ich das Rad nicht neu erfinden möchte, haben Sie die Möglichkeit, sich im Internet detailliert zu informieren. Das Risiko liegt bei Ihnen. Zu Ihrer Sicherheit sollten Sie eine aktuelle Internet-Security-Software einsetzen.

Investiere nur in eine Aktie, deren Geschäft du auch verstehst.
Warren Buffett

Einleitung

Mein Name ist Michael, ich bin Mitte 20 (Stand: Juni 2014) und wohne im schönen Hessen. Ich habe Sie bisher mit „Sie" angesprochen. Da mir persönlich ein „Du" lieber ist, werde ich Sie mit „du" ansprechen. Ob ich Sie mit „Sie" oder „du" anspreche, hat nichts mit dem Respekt zu tun, den ich dir entgegenbringe. Solange sich ein Mensch in seinem Umfeld seriös, respektvoll und sozial gegenüber anderen verhält, ist ein Sie oder Du schlichtweg irrelevant. Ich empfinde ein „Du" als angenehmer.
Warum schreibe ich dieses Buch?
Mein persönliches Ziel ist es, finanziell unabhängiger zu werden. Vielleicht schaffe ich es mit diesem Buch. Das ist mein erstes Buch. Wenn ich dir damit weiterhelfen kann, freut es mich, denn dann ist das Buch für dich eine gute Investition. Ansonsten ist es für dich Geld- und Zeitverschwendung.

> *Geduld ist die oberste Tugend des Investors.*
> *Benjamin Graham*

Wünsche/Träume

Ich möchte gerne mal nach England zu einem Spiel des FC Liverpool. Wenn ich im Fernsehen das Lied „You´ll never walk alone" höre, gesungen von den Fans des FC Liverpool bei einem Livespiel im Anfield-Stadion, läuft es mir im wahrsten Sinne des Wortes eiskalt den Rücken runter. Hier in Deutschland bin ich Fan von dem Verein, den man hasst oder liebt. Namen möchte ich an dieser Stelle nicht nennen. Kann sich sicherlich jeder denken. Die Atmosphäre im Stadion finde ich nicht so toll, wie beispielsweise beim zurzeit stärksten Konkurrenten hier in Deutschland. Das liegt sicherlich auch daran, dass sehr viele Touristen das Stadion besuchen und die Stimmung der Fankurve nicht auf die Masse überspringt.

Wie gesagt, ein Livespiel des FC Liverpool im Anfield-Stadion zu sehen, hat schon was Besonderes. Das genialste „You´ll never walk alone" habe ich bei YouTube gesehen, als Celtic-Glasgow und FC-Liverpool-Fans im Celtic Park gemeinsam gesungen haben. Das ist einfach fantastisch.

Eine Tour durch Australien ist auch noch einer meiner Träume. Die Artenvielfalt der Tiere und Pflanzen fasziniert mich.

> *The key to happiness is having dreams; the key to success is making them come true.*
> *James Allen*

Ereignisse in der menschlichen Gesellschaft

Im Jahr 2014 gab es Proteste gegen die Regierung Australiens. Haie sollen getötet werden, weil in den letzten Jahren Menschen von Haien angegriffen und getötet wurden.
Google: http://google.de
Suchbegriffe: australien haie töten
Durch Eingriffe des Menschen in die Natur erscheinen immer mehr Haie und sollen dann wieder durch den Menschen eliminiert werden, sodass weniger bzw. gar keine Touristen gefährdet sind.

In Japan werden jährlich Delfine gejagt.
Google: http://google.de
Google Bildersuche: http://images.google.de
Suchbegriffe: japan delfine töten

Durch die Kombination Erdbeben und Wassermasse wurde das Atomkraftwerk Fukushima in Japan zerstört. Ich habe dazu lange nichts mehr gelesen. In den Nachrichten wird auch nicht mehr davon berichtet.
Google: http://google.de
Suchbegriffe: fukushima katastrophe folgen

In Indien vergewaltigen im Jahr 2014 mehrere Männer zwei Mädchen und ermorden diese anschließend.
Google: http://google.de

Google Bildersuche: http://images.google.de
Suchbegriffe: zwei mädchen indien vergewaltigen

In der Ukraine bringen sich politisch gesteuerte Menschen gegenseitig um.
Google: http://google.de
Google Bildersuche: http://images.google.de
Suchbegriffe: ukraine konflikt

Auch im Irak scheint wieder Krieg auszubrechen.
Google: http://google.de
Google Bildersuche: http://images.google.de
Suchbegriffe: irak isis terror

Ich könnte mehr und mehr von Menschen verursachte Probleme nennen, durch die unschuldige Menschen und Tiere ums Leben kommen.

Menschen müssen hungern.
Google: http://google.de
Google Bildersuche: http://images.google.de
Suchbegriffe: hungersnot welt
Wie viele Menschen müssen pro Jahr wegen Hungersnot sterben? Du kannst gerne danach suchen. Das Ergebnis ist erschreckend.

Solange wir ein Dach über dem Kopf, fließend Wasser, beheizte Räume und täglich Nahrung haben, geht es uns im Vergleich zu manch anderem auf dem Planeten doch sehr gut. Im

Alltag ist uns dies leider nicht immer so bewusst. Zeitung, Radio, Fernsehen, Internet und gegebenenfalls direkte verbale Konfrontation suggerieren uns Angst.

In diesem Jahr (2014) findet die Weltmeisterschaft in Brasilien statt. In den Slums von Rio de Janeiro herrschen Lebensumstände, wie wir sie uns hier nicht vorstellen können.
Google: http://google.de
Google Bildersuche: http://images.google.de
Suchbegriffe: slums rio de janeiro
Nebenan besuchen Tausende Menschen die Stadien und feuern ihre Mannschaft an. Die Protagonisten verdienen zum Großteil mehrere Millionen. Ob in Dollar oder Euro, ist irrelevant. Von deren Einkommen kann man sich mehrere Wohnungen leisten. Das Wasser kann den gesamten Tag fließen. Der Strom kann Tag und Nacht verbraucht werden. Man befindet sich in einer Wohlfühloase und kann Nahrung zu sich nehmen, so viel, wie man möchte. Das ist vergleichbar mit einem Schlaraffenland.
Ist es in Ordnung, dass die Protagonisten der Weltmeisterschaft so viel Geld verdienen? Was denkst du? Wahrscheinlich wirst du mit „Nein" antworten. Ich bin anderer Meinung. Ich finde es in Ordnung, wenn die Protagonisten viele Millionen im Jahr verdienen. Wir unterstützen sie schließlich täglich. Nicht nur im Fußball verdienen Sportler unvorstellbar viel Geld. In der National Basketball Association (kurz NBA), im

American Football und in der Formel 1 wird zum Teil noch wesentlich mehr Geld verdient. Ja, ich finde es in Ordnung, wenn Menschen so viel Geld verdienen.

Verdienen hierzulande Krankenpfleger, Altenpfleger, Bauarbeiter und andere Berufsgruppen zu wenig? Möglich! Auch wenn der sportliche Erfolg mit sehr viel Training und Schmerz verbunden ist, macht es doch Spaß, vor vielen Zuschauern auf dem Platz zu spielen, jährlich mehr Millionen auf dem eigenen Konto zu sehen. Das ist schon toll. Ein Altenpfleger muss hingegen mehrere Menschen tagtäglich ins Bett heben, gegebenenfalls im Bett wenden und ist kurz vor der Rente wahrscheinlich körperlich am Ende. Rückenschmerzen und ständige psychologische Überwindung, nicht aufzuhören und weiterzumachen, damit man sein tägliches Brot verdient. Das ist schon hart. In anderen Berufszweigen kann es durchaus ähnlich sein.

Meines Erachtens müssen diese Menschen mehr verdienen, weil die Arbeit sehr belastend ist. Ich habe auch nichts gegen eine Rente ab 60 (ohne Abzüge). Ich habe einen Bürojob und bin mehr einer psychischen Belastung ausgesetzt. Durch gesunde Ernährung und regelmäßigen Sport findet man eine gute Balance, sodass sich die psychische Belastung im Normalfall reduzieren lässt.

Warum finde ich nun das hohe Einkommen der Sportler in Ordnung (mehrere Millionen pro Jahr)?

Ich beginne am Anfang und beziehe mich auf den Fußball. Wann der entstanden ist, ändert nichts am Prinzip. Daher werde ich keine Jahreszahlen, Orte etc. nennen. Mir geht es schlichtweg um das Prinzip.

Irgendwann einmal hat ein Mensch, warum auch immer, gegen etwas Rundes getreten. Der Mensch hat Spaß daran gefunden, immer wieder gegen dieses runde Etwas zu treten, dieses runde Etwas zu jonglieren und andere verrückte Dinge damit zu tun. Menschen in seinem Umfeld sehen, welchen Spaß dieser Mensch mit diesem Ding hat. Der Fußball entsteht. Die Menschen passen sich den Ball zu, versuchen sich diesen gegenseitig abzunehmen. Da ein Spiel Sieger benötigt, überlegen sie sich, zwei Tore zu nutzen. Trifft man das richtige Tor, liegt man in Führung. Dieses Ereignis hat irgendwann einmal in einem Dorf auf diesem Planeten stattgefunden. Andere Dörfer im Umkreis sehen, wie viel Spaß dieses Dorf mit diesem runden Etwas hat. Sie beginnen ebenfalls, Fußball zu spielen. Eines Tages spielen sie aus Spaß gegeneinander. Mit der Zeit entstehen immer mehr Fußballmannschaften. Man möchte nun die beste Mannschaft suchen. Die Mannschaften bilden eine Liga. Die Mannschaft, die am Ende oben steht, ist der Meister. Da immer mehr Fußballmannschaften entstehen und es unmöglich ist, gegen alle Fußballmannschaften zu spielen, entstehen weitere Ligen. Man kann nun in Ligen ab- und aufsteigen, um gegen Mannschaften zu spielen, die ungefähr das gleiche Niveau haben. Die Topmannschaften spielen einen besonders schönen Fußball. Das finden Menschen, die nicht so gut spielen und/oder einfach nur fußballinteressiert sind, faszinierend. Diese Menschen sind die Fans dieser Mannschaften. Fanmassen entstehen und feuern ihre Mannschaften regelmäßig an. Außenstehende Unternehmen sehen, wie Tausende von Menschen von diesem Ballsport angezogen werden. Mit diesen Menschen kann man sicherlich gut Geld verdienen? Sponsoren kommen und geben den Mannschaften Geld für Trikots, Fanartikel, Duschen, Stadien und viele andere Dinge. Bedingung: Die Mannschaften müssen für die Unternehmen werben. Durch die Einbindung von Zeitung, Radio, Fernsehen und Internet geben diese Unternehmen extrem viel Geld für das Marketing ihrer Produkte aus. Wenn ein Fan ein Trikot seines Lieblingsspielers kauft, zahlt er dafür eine Menge Geld. Kaufen viele Fans ein Trikot, ist es ein Vielfaches des Geldes. Man bindet jeden dieser Fans, indem man dafür sorgt, dass er sich mit dieser Mannschaft identifiziert und sich als ein Teil dieser Mannschaft fühlt. Diese Identifizierung entsteht durch Emotionen, Spannung und Spaß. Da der Sport immer mehr Menschen anzieht, ist es nicht verwunderlich, dass heutzutage so viele Millionen für einen

Spieler gezahlt werden und der Spieler mehrere Millionen im Jahr verdient.

Wenn es die Millionen von Fans nicht in Ordnung finden, gibt es eine sehr einfache Lösung, den hohen Ausgaben für Spielertransfers, Gehälter, Stadionbauten etc. entgegenzuwirken!!! Kauft keine Fanartikel, besucht nicht die Mannschaft im Stadion, lest keine Sportnachrichten, schaut lieber einen Krimi, anstatt das Spiel live zu sehen. Was ist ein Ruhrpott-Derby BVB gegen S04 ohne Zuschauer? Wenn die Unternehmen mit dem Sport keine Gewinne erzielen, werden sie die Mannschaften nicht mehr unterstützen. Stell dir ein Leben ohne Fußball vor. In Gedanken mag es möglich sein, aber in der Realität meines Erachtens nicht. Dazu sind zu viele Menschen davon besessen. Das Gleiche trifft beispielsweise auch beim American Football, in der NBA, bei der Formel 1 und anderen Ereignissen zu, wo Menschenmassen angezogen werden. Musiker verdienen Millionen, wenn sie Menschenmassen begeistern können. Solange jeder Einzelne von uns dazu bereit ist, für diese Ereignisse Geld auszugeben, müssen wir uns nicht wundern, wenn Einzelne eine unvorstellbare Masse an Geld verdienen.

Stelle dir einen Maurer vor. Er platziert Stein für Stein. Ein Stein mag nicht viel Arbeit sein, aber wenn er viele Steine tragen muss, um ein Haus zu bauen, ist es Schwerstarbeit. Wenn dieser Maurer Millionen von Menschen begeistern kann, kann er mit Sponsorenverträgen auch sehr viel Geld

verdienen. Kann der Otto Normalverbraucher mit seiner Arbeit Millionen von Menschen begeistern? Das ist wohl eher unwahrscheinlich.
Stelle dir ein Stadion mit ca. 80.000 Zuschauern vor. Auf dem Platz sitzen zwei Schachspieler. Alle Zuschauer müssen ruhig sein, dürfen keine Geräusche von sich geben und sollen erst nach dem siebenstündigen Match applaudieren (schachmatt). Der Sieger wird gefeiert. Ob das Publikum dann noch in der Lage ist, zu applaudieren? Wahrscheinlich sind sie eingeschlafen, weil sie die Gedanken der Schachspieler nicht verfolgen können und Langeweile entsteht. Hast du schon mal die Synapsen eines Menschen agieren sehen? Schach ist ein schönes Spiel. Für den Zuschauer ist es jedoch in der Regel sehr langweilig. Der emotionale Funke springt nicht über.

> *Je weniger die Masse vernünftiger Überlegung fähig ist, umso mehr ist sie zur Tat geneigt.*
> *Gustave Le Bon: Psychologie der Massen (German Edition) by Gustave Le Bon*

Glücksgefühle und die Gesundheit

Ein Besuch beim FC Liverpool und eine Reise durch Australien. Das waren bisher nur zwei Wünsche, die ich genannt habe. Ich mache mir natürlich auch darüber Gedanken, wie es ist, wenn ich eine Frau (evtl. für das Leben) gefunden habe, Kinder in die Welt setze. Werden sie glücklich sein? Viele Möglichkeiten in der heutigen Gesellschaft sind leider nur mit Geld zu erreichen. Richtige Liebe kann man sich nicht kaufen. Das Glück mit dieser Person kann man sich auch nicht kaufen. Man ist zusammen, weil man sich liebt und eine glückliche Zeit miteinander verbringen will. Unglück entsteht, wenn man Tag für Tag über Probleme spricht. Ziel muss es sein, diese alltäglichen Probleme so gut es geht zu eliminieren. Wäre es nicht ein schönes Gefühl, wenn dein Partner Tag für Tag lacht, wenn deine Kinder Tag für Tag lachen? Wenn dieser Wunsch in Erfüllung geht, kann ich auf viele andere Wünsche verzichten. Lachen ist gesund. Manchmal hat man dadurch Magenkrämpfe, aber das Glücksgefühl überwiegt in diesem Moment. Stress hingegen kann schlecht für die Gesundheit sein.

Ist nicht ausreichend Geld vorhanden, kannst du eventuell nur deinen Kindern einen Wunsch erfüllen. Deine Kinder sind zwar glücklich, aber was ist mit dir? Du lebst schließlich nur einmal.

Im Alltag wird durch die Medien viel Werbung für verschiedene Produkte gemacht. Kinder in der Schule beneiden andere Kinder darum, dass diese die neusten Klamotten, das neuste Handy besitzen. Andere Kinder wiederum wären glücklich, wenn sie ein eigenes Zimmer haben könnten, weil sie selbst mit ihrer Schwester oder dem Bruder teilen müssen.

In Afrika müssen Kinder hungern. In Japan werden Delfine abgeschlachtet. Im Irak und in der Ukraine ist der Krieg ausgebrochen.
Auf diesem Planeten gibt es viele Szenarien, die wir nicht beeinflussen können. Denke an die Entscheidungen, die durch unsere Politik getroffen werden. Ob eine Entscheidung gut oder schlecht ist, liegt im Auge des Betrachters.
Stelle dir vor, die hungernden Kinder in Afrika müssten sich in die Lage unserer Kinder versetzen. Neustes Handy? Neuste Klamotten? Eigenes Zimmer?
Hungerndes Kind: „Die Probleme hätte ich auch gerne!"
Stelle dir vor, unsere Kinder müssten sich in die Lage der afrikanischen Kinder versetzen!

Jeder ist seines Glückes Schmied. Leider gibt es Menschen auf diesem Planeten, die diese Chance niemals wahrnehmen können, weil sie mit Waffen unterdrückt werden, keine Bildungsmöglichkeiten in Anspruch nehmen können.
Pressefreiheit ist ein Tabu.

Sie werden wegen eines anderen Glaubens ermordet, obwohl sie keinem Menschen physischen (körperlichen) und psychischen (geistigen) Schaden zugefügt haben. Die Lösung des Problems ist Aufklärung und Bildung.
Google: http://google.de
Suchbegriffe: christin muslim heiraten todesurteil
Irre!
Ebenso ist es irre, wenn man in der heutigen Gesellschaft über Homosexualität spricht! Ich kann es mir persönlich nicht vorstellen, aber worin besteht das Problem, wenn zwei Frauen oder zwei Männer glücklich miteinander sind?

Wir haben hier in Deutschland die Möglichkeit, das Sprichwort „Jeder ist seines Glückes Schmied" zu realisieren. In vielen anderen Ländern auf diesem Planeten besteht ebenfalls diese Möglichkeit.

Peter Maffay begeistert Millionen von Menschen mit seiner Musik. Er hat die Peter Maffay Stiftung gegründet. Hilfsbedürftige Familien, Jugendliche und Kinder werden unterstützt. Ich habe den Dokumentarfilm „Peter Maffay - Auf dem Weg zu mir" gesehen. Super! Den Film kann man sich bei daserste.de (Stand: 19.06.2014) anschauen.
Google: http://google.de
Suchbegriffe: peter maffay auf dem weg zu mir daserste.de
Wenn man erfolgreich sein will, muss man hart arbeiten. Dadurch können Glücksgefühle geweckt

werden. Die Stiftung ist ein sehr gutes Beispiel, wie man sein hart erarbeitetes Glück mit anderen Menschen teilen kann. Andere Menschen glücklich zu sehen bzw. glücklich zu machen, ist für einen selbst doch auch wieder ein Gewinn. Gewinn eines noch größeren Glücksgefühls.

Der Gewinn vieler Glücksgefühle hat immer mit viel Arbeit zu tun. Versuche die Menschen zu ignorieren, die ein schlechtes Karma bewusst ausstrahlen, oder versuche ihnen zu helfen. Versuche immer freundlich, bescheiden und hilfsbereit zu sein. Gehst du durch eine Tür, halte deinem Nächsten die Tür offen. Kleine Gesten können eine große Wirkung haben und ein Glücksgefühl wecken.

Denke positiv. Lebe positiv. Das wird dir in schwierigen Zeiten Kraft geben. In Situationen, in denen man nichts ändern kann, bringt es nichts, negativ zu denken, negativ eingestellt zu sein.

Hast du schon mal in einem Stau gestanden? Was denkst du in diesem Moment?
„Verdammt, wann geht es endlich weiter?"
„Ich habe es eilig!"
„Ich muss aufs Klo!"
Sich nicht aufzuregen, dafür benötigen einige unter uns sicherlich viel Kraft und Disziplin. Einige werden sich sogar aufregen, wenn sie versuchen, sich nicht aufzuregen. Durch das Glücklichsein wird sich der Stau zwar nicht

schneller auflösen, aber es ist besser für die Gesundheit.

Sei glücklich. Denke positiv. Dein Körper wird es dir danken. Eventuell lebst du dadurch einige Minuten, Stunden ... und Jahre länger.

Ja, das ist leichter gesagt als getan.

> *Die Welt ist ein gefährlicher Ort um zu leben. Dies liegt jedoch nicht an den bösen Menschen, sondern an jenen, die nichts gegen sie tun.*
> *Albert Einstein*

Ziele festlegen (Priorisierung)

Bisher habe ich viel von gesellschaftlichen Problemen und eigenen Wünschen geschrieben. Falls du bei Google (und gegebenenfalls Google Bildersuche) die genannten Suchbegriffe eingegeben hast, wirst du sicherlich einsehen, wie gut es uns doch geht. Trotzdem besteht der Wunsch, die aktuelle Situation zu verbessern, man will immer mehr.

Mein Hauptziel ist eine glückliche Familie. Eine Frau und Kinder, die täglich lachen. Dass ein tägliches Lachen nicht immer möglich ist, ist vollkommen klar, aber trotzdem sollte es das Ziel sein! Es gibt nun mehrere Wege, um das Ziel „eine glückliche Familie" zu erreichen. Ich möchte gerne einen komfortablen Weg gehen. Auf dem Weg sollen möglichst wenige Widerstände sein.

Hast du schon mal darüber nachgedacht, dass du im späten Alter physisch am Ende deiner Kräfte sein könntest und Hilfe von Familienangehörigen, Pflegern und anderen Menschen benötigst, um täglich überleben zu können? Lebensmittel und Waschmittel müssen eingekauft werden. Du kannst nicht alleine aufs Klo gehen. Der Arzt muss dich besuchen, weil du das Haus nicht mehr verlassen kannst. Pflegeheim ist nicht möglich, da dir das Geld fehlt. Möglicherweise fehlt dir sogar das Geld für einen Pfleger. Unter dem Strich müssen dir die Familienangehörigen helfen. Die Familienangehörigen, die du in die Welt gesetzt hast. Die Familienangehörigen, die täglich hart arbeiten und in der Freizeit auch noch dich unterstützen müssen. Was bleibt den Familienangehörigen dann von ihrer Freizeit? Das muss so nicht kommen. Wenn du dich gesund ernährst und regelmäßig sportlichen Aktivitäten nachgehst, kommt es vielleicht anders. Zusätzlich ist noch der Faktor „Glück" wichtig. Wenn du Pech hast, wirst du von einem Fahrzeug angefahren und sitzt lebenslänglich im Rollstuhl oder der Arzt diagnostiziert Krebs. Eventuell musst du nun regelmäßig eine Chemotherapie durchführen, um den Krebs besiegen zu können. Vieles ist möglich. Ich will den Teufel jetzt nicht an die Wand malen. In der heutigen Zeit kannst du dich gegen vieles versichern. Ob so eine Versicherung wirklich Sinn macht, ist für jede Person individuell abzuwägen. In der Regel sind viele Versicherungen überflüssig und verschwendetes Geld. Hast du beispielsweise in eine Pflegeversicherung gezahlt und diese nicht in Anspruch genommen, siehst du das eingezahlte Geld nicht wieder.

Denke dazu an das volatile Rentenniveau mit negativer Tendenz. Du hast weniger und es wird gefühlt alles teurer.

Interessant ist auch, was Kinder im Unterhalt kosten.

Google: http://google.de
Suchbegriffe: unterhaltungskosten kinder

Ob dein privates Umfeld mit dir glücklich ist, hat immer etwas mit Nächstenliebe zu tun. Wenn du willst, dass deine Kinder glücklich leben, musst du schauen, dass du so wenig wie möglich Arbeit hinterlässt. Das hat meines Erachtens immer etwas mit Verantwortungsbewusstsein zu tun. Denke dazu an das obige Pflegebeispiel. Was ist mit der Freizeit deiner Kinder?

Kommen wir wieder zum Hauptziel „eine glückliche Familie" zurück. Wie ich bereits geschrieben habe, möchte ich einen möglichst komfortablen Weg mit wenigen Widerständen gehen. Das Hauptziel könnte auch lauten: „Womit kaufe und unterhalte ich einen Sportwagen?"

Eine Möglichkeit, das Hauptziel „eine glückliche Familie" zu erreichen, ist, eine Frau zu finden, Kinder in die Welt zu setzen und sich anschließend über die finanzielle Lage Gedanken zu machen. Ob man so zufrieden und glücklich leben kann und über die Runden kommt? Man muss schließlich die monatlichen Unterhaltskosten der Kinder zahlen.

Eine weitere Möglichkeit ist, eine Frau zu finden, sich über die finanzielle Lage Gedanken zu machen und dann Kinder in die Welt zu setzen.

Man hat sich also Gedanken gemacht: Wie zahle ich die monatlichen Unterhaltskosten?

Eine weitere Möglichkeit basiert auf der Frage: Wie unterhalte ich eine Familie (Frau und Kinder)? Bevor man sich auf die Suche begibt, macht man sich also über die Finanzierung Gedanken.

Für mich persönlich sind die letzten beiden Möglichkeiten sinnvoll und möglich. Habe ich bereits Kinder in die Welt gesetzt, gibt es mehr finanziellen Widerstand, da ich die monatlichen Unterhaltskosten zahlen muss.

Success is not just money in the bank but a contented heart and peace of mind.
Sarah Ban Breathnach

Glück erzwingen

Auch wenn ich zurzeit noch zu Hause wohne, überlege ich mir: Wie kann ich Miet-, Verpflegungs- und sonstige Kosten tragen? Ich zahle jeden Monat einen Betrag, damit die Unkosten, die ich verursache egalisiert werden. Das ist für mich unter dem Strich aber um einiges günstiger als eine eigene Wohnung. Des Weiteren helfe ich im Haushalt. Da ich mit meinen Eltern sehr gut auskomme, ist das kein Problem, aber trotzdem mache ich mir darüber Gedanken, unabhängig zu sein, auf eigenen Füßen zu stehen. Die Fragen sind: Was bleibt mir, wenn ich in einer Mietwohnung unabhängig wohne und Nebenkosten wie beispielsweise Verpflegungskosten zahle? Kann ich dann noch ein glückliches Leben führen? Müssen bestehende Hobbys darunter leiden? Sind Urlaub, Stadionbesuche und andere Dinge noch möglich? Was ist, wenn plötzlich ein Kind die Welt erblickt?

Mir geht es nicht darum, einen Sportwagen zu fahren. Wobei? Ein Sportwagen wäre ein „Nice-to-have". Mir geht es darum, so zu leben, dass ich mir nicht jeden Tag Gedanken machen muss, welche Kosten wohl morgen beglichen werden wollen.

Perfektion ist unmöglich, aber mein Ziel ist es, die Perfektion zu erreichen! Wenn ich im „Hier" und „Jetzt" mehr Glücks- als Negativ-gefühle habe, habe ich es geschafft! Das ist mein Ziel.

Im Selbstmitleid zu versinken und abzuwarten, bis das Glück vorbeigelaufen kommt, wird nicht helfen. Gejammer hilft nicht. Es müssen Taten folgen. Ein Konzept muss her. Wie das Konzept ausschaut, weiß ich noch nicht.

Nach vielen Überlegungen dachte ich mir: Wie funktioniert die Börse? Wie funktioniert dieses Teufelswerk? Warum rät mir jeder von der Börse ab? Warum haben sich so viele Menschen und Bekannte verzockt? Anfangs wusste ich gerade einmal, wie man Börse schreibt, aber nicht, wie die Börse funktioniert. Ich muss gestehen, ich kenne mich immer noch nicht perfekt damit aus, aber ich denke, dass ich den richtigen Weg eingeschlagen habe.

„Wer nicht wagt, der nicht gewinnt!"
Da ich jemand bin, der nicht unüberlegt handelt, so meine Hoffnung, habe ich bei Amazon nach Büchern geschaut, die mir diese Fragen zur Börse beantworten können. Nun habe ich noch ein Problem. Ich lese gerne abends, wenn es dunkel ist. Wenn ich auf der Couch oder im Bett liege, muss ich mich immer so legen und wenden, dass das Licht der Lampe optimal auf die Textpassagen des Buches fällt und ich den Text angenehm lesen kann. Aber wie auch immer man sich gelegt und gewendet hat, es ist meistens eher unbequem. Wie soll ich mich so auf den Inhalt eines Buches konzentrieren, wenn ich nur mit dem optimalen Hinlegen und Wenden beschäftigt bin? Also habe

ich mich entschlossen, einen E-Book-Reader zu kaufen. Ich habe mich für den Kindle Paperwhite entschieden und muss sagen, dass ich mit diesem E-Book-Reader von Amazon sehr zufrieden bin. Es gibt sicherlich auch andere gute E-Book-Reader, aber ich bin mit diesem zufrieden. Der Vorteil dieses E-Book-Readers ist, dass er eine Hintergrundbeleuchtung hat und der Text für das Auge auch im Dunkeln ohne externe Lichtquellen sehr angenehm zu lesen ist. Ich kann mich nun legen und wenden, wie ich will. Der Konzentration auf den Inhalt eines Buches steht also nichts mehr im Wege, so meine Hoffnung. Im Nachhinein kann ich nun bestätigen, dass ich mich ausgezeichnet konzentrieren konnte.

Schöner Nebeneffekt eines E-Book-Readers sind die Buchpreise. Ein Buch in gedruckter Form ist in der Regel um einiges teurer. Wenn man also gerne und viel liest, amortisiert sich der Preis für einen E-Book-Reader.

Was mir bei Amazon besonders gut gefällt, ist, dass ein E-Book, das ich gekauft habe, direkt an meinen Kindle gesendet wird.

Sprich: Buch suchen, Buch kaufen, Buch lesen (Dauer: wenige Sekunden)

Bestellt man ein Buch in gedruckter Variante, verhält es sich wie folgt:

Buch suchen, Buch kaufen, Tag(e) warten, bis das Buch geliefert wird, Buch lesen.

Da nun das Problem „unbequemes Liegen" behoben ist, habe ich mich also auf die Suche nach sinnvollen Büchern bei Amazon begeben. Gelesen habe ich einige Bücher, möchte dir aber zunächst nur zwei Bücher empfehlen.

Buchtitel: Finanzberatung? Nein Danke! Ohne Beratung erfolgreich investieren (Finanzen 1)
Verlag: Dr. Olaf Borkner-Delcarlo; Auflage: 2., verbesserte Auflage (17. Dezember 2013)
Autor: Dr. Olaf Borkner-Delcarlo
ASIN: B00EDN90Y2

Buchtitel: Schnelligkeit durch Vertrauen: Die unterschätzte ökonomische Macht
Verlag: GABAL Verlag (15. März 2010)
Autor: Stephen M. R. Covey, Rebecca R. Merrill
Übersetzer: Ingrid Proß-Gill
ASIN: B00I0UGSMQ

Ich habe mich unter anderem für diese beiden Bücher entschieden, weil Leser bei Amazon ein positives Feedback hinterlassen hatten. Nur weil eine Mahlzeit auf Bildern sehr lecker ausschaut, muss es nicht unbedingt sehr lecker sein. Meinungen von anderen sind meines Erachtens sehr wichtig. Natürlich kann es sein, dass man nach dem Lesen eines Buches nicht mit der Meinung der anderen Leser übereinstimmt.
Meine Erwartungen bezüglich der beiden Bücher wurden sogar übertroffen.

In beiden Büchern erzählen die Autoren von ihren Lebenserfahrungen und Recherchen.

Im ersten Buch, „Finanzberatung? Nein Danke! Ohne Beratung erfolgreich investieren", erzählt der Autor von einer Dividendenstrategie. Was Dividenden sind, werde ich später im Detail erklären.

Im zweiten Buch, „Schnelligkeit durch Vertrauen: Die unterschätzte ökonomische Macht", erklären die Autoren, wie man durch Vertrauen schneller seine Ziele erreicht. Das hat zwar wenig mit Börse zu tun, aber mir hat es in Bezug auf den Alltag und einigen Entscheidungen sehr gut weitergeholfen.

Beide Bücher kann ich dir mit bestem Gewissen zum Lesen empfehlen! Meiner Meinung nach ist es ein Muss. Ob du die Bücher liest oder nicht, ist deine Entscheidung. Hier beginnt schon das Vertrauen ;-)

Diesem Kapitel habe ich die Überschrift „Glück erzwingen" gegeben. Durch die Recherche nach sinnvollen Büchern bin ich auf diese beiden Bücher gestoßen. Sie haben mich begeistert. Es hat Spaß gemacht, diese Bücher zu lesen.
Mit den Überlegungen „Wie werde ich glücklicher?", „Wie finanziere ich meine Zukunft?" und „Wie funktioniert die Börse?" bin ich durch den eigenen Willen, etwas ändern zu wollen, und durch Zufall/Glück auf diese beiden Bücher gestoßen.

„Wer nicht wagt, der nicht gewinnt!"
Dieses Sprichwort ist wahr! Man muss nur wohlüberlegt handeln und darf nichts überstürzen. Geduld und Disziplin sind sehr wichtige Faktoren, will man erfolgreich sein! Ich befinde mich noch am Anfang, habe aber bereits Erfolge erzielen können. Es handelt sich zwar, was das Gesamtziel an sich anbelangt, noch um Peanuts, aber Kleinvieh macht eben auch Mist. Wenn man geduldig und diszipliniert arbeitet, wird es sich eines Tages nicht mehr um Kleinvieh handeln.

Warum liest du dieses Buch? Eventuell ist es für dich auch ein Glücksfall? Wer weiß? Du wirst sehen, ob du von diesem Buch profitierst!

> *If you have no critics you'll likely have no success.*
> *Malcolm Forbes*

Was sind Aktien?

Aktien sind Firmenanteile.

Ich möchte dir dies anhand eines einfachen Beispiels zeigen:

Firmenwert der Musterfirma: 1.000.000€ (1 Million€)
Wie der Firmenwert zustande kommt, ist irrelevant. Ich möchte dir nur das Prinzip darstellen. Wenn du wissen willst, wie man Bilanzen liest und einen Firmenwert ermitteln kann, musst du andere Bücher lesen.

Die Musterfirma benötigt Geld und sucht Investoren. Die Musterfirma bietet dazu Anteile der Firma zum Kauf an. Der Firmenwert beträgt zurzeit 1.000.000€. Damit die Firma bei Entscheidungen die Oberhand behält, bietet sie nur 49% der Firmenanteile zum Kauf an. Die Firmenanteile werden an Börsen gehandelt.

Da die Musterfirma nun 49% der Firmenanteile verkaufen möchte, muss sie diese zu einem attraktiven Preis anbieten.
49% von 1.000.000€ sind 490.000€. Die Firma möchte die 490.000€ in 50€ Stücken anbieten. Das sind unter dem Strich 9.800 Aktien.
490.000€ geteilt durch 50€ sind 9.800 Aktien

Die Firma könnte pro Aktie natürlich auch einen anderen Preis verlangen. 25€ oder 100€ wären beispielsweise auch möglich.
490.000€ geteilt durch 25€ sind 19.600 Aktien
490.000€ geteilt durch 100€ sind 4.900 Aktien

Wenn du dich nun dazu entscheidest, für 500 Euro Aktien der Musterfirma zu kaufen, ist es irrelevant, ob die Firma die Aktien für 25€, 50€ oder 100€ anbietet. Unter dem Strich haben sie einen Gesamtwert von 500€.
500€ geteilt durch 25€ sind 20 Aktien
500€ geteilt durch 50€ sind 10 Aktien
500€ geteilt durch 100€ sind 5 Aktien

Du kannst so beispielsweise von einer Apfelfirma 5 Aktien, von einer Birnenfirma 100 Aktien und von einer Zitrusfirma 200 Aktien besitzen. Die 5 Aktien der Firma Apfel können beispielsweise wertvoller als die 100 Aktien der Firma Birne sein.

Beispiel
Firma Apfel: Aktienpreis 200€
Firma Birne: Aktienpreis 8€
Firma Zitrus: Aktienpreis 12€

Gesamtwert
Firma Apfel: 5 Aktien entsprechen 1000€
Firma Birne: 100 Aktien entsprechen 800€
Firma Zitrus: 200 Aktien entsprechen 2400€

Was will ich damit sagen?
Wenn du dich mit einer Person X unterhältst und ihr mitteilst „Juhu! Ich halte 100 Aktien der Birnenfirma."
Die Person X antwortet: „Und? ... Ich halte 5 Aktien der Apfelfirma!"
Sprich: Du hast 800€ Firmenanteile und die Person X hat 1000€ Firmenanteile, obwohl die Person X weniger Aktien hält.

Übrigens: Du solltest niemandem erzählen, wie viele Aktien du besitzt. Du kannst gegebenenfalls sagen: „Ich besitze Aktien der Firma Birne."

Als Aktionär bist du Firmeninhaber und wirst am Gewinn und Verlust einer Firma beteiligt.

Was mir in Gesprächen des Alltags immer wieder aufgefallen ist, wenn man sich über das Thema Aktien unterhalten hat, ist, dass die meisten Menschen (gefühlt 9 von 10) antworten: „Ich bin da eher konservativ!" Sprich: Ich will davon nichts wissen.
Die Ursache liegt in der Regel darin, dass sie selbst schon Geld an der Börse verloren haben oder vom Hörensagen nur Negatives mit der Börse verbinden.

Hast du schon mal darüber nachgedacht, was „konservativ sein" bedeutet?
Google: http://google.de
Suchbegriffe: konservativ definition

Wenn du beispielsweise hin und wieder in die Tageszeitung, Fernsehen oder ins Internet schaust, machen Banken für günstige Kredite Werbung. Erfülle deinen Wunsch/Traum für 3%, 4% ... Zins pro Jahr. Super! Ich habe einen Wunsch, der mich beispielsweise 5.000€ kostet. Und was bedeuten jetzt die 3% oder 4%?
Bei einer Laufzeit von sagen wir 5 Jahren kann man die Gesamtausgaben bei einem Zins von 3% wie folgt berechnen:
5.000€ x 1,03 x 1,03 x 1,03 x 1,03 x 1,03 = 5.796,37€.
Also: Du zahlst nach 5 Jahren zusätzlich 796,37€ Zins an die Bank! Von diesem Geld kann man schön in den Urlaub fahren.

Google: http://google.de
Suchbegriff: urlaubsangebote

Jetzt werden sicherlich einige argumentieren und mir sagen: „So kann man das nicht sehen." Man zahlt schließlich in monatlichen Raten den Kredit ab. Somit tilgt man den Kredit zwischen und man zahlt weniger als 796,37€ an die Bank. Ja, es stimmt! Man zahlt weniger Geld an die Bank. Aber unter dem Strich zahlt man mehr als 5.000€. Und wahrscheinlich zahlt man immer noch sehr viel Geld an die Bank, von dem man sich auch einen schönen Urlaub hätte leisten können.
Spare das Geld auf dem Tagesgeldkonto und erhalte jährlich ca. 1% Zinsen oder investiere das Geld. Dann wirst du eventuell weniger als 5.000€

zahlen. Wenn du auf deinem Tagesgeldkonto 1.000€ liegen hast und jährlich 1% Zinsen bekommst, hast du nach einem Jahr 10€ verdient. 1.000€ für deinen Traum und 10€ für die leckere Pizza und ein kühles Weizenbier beim Italiener um die Ecke. Du kannst die 10€ natürlich auch liegen lassen. Umso eher hast du die 5.000€ für deinen Traum zusammen.

Alternativ kann man die 5.000€ mit einem Bausparvertrag erwirtschaften. Garantiezins von 3% pro Jahr bei einer Laufzeit von 5 Jahren.
Das berechnet sich wie folgt:
5.000€ : 1,03 : 1,03 : 1,03 : 1,03 : 1,03 = 4.313,04€
Da man die 4.313,04€ nicht von Anfang an anlegen kann, wird man mehr als die 4.313,04€ zahlen müssen. Unter dem Strich zahlt man aber weniger als 5.000€ und hat am Ende 5.000€. Das ist doch im Verhältnis zum Kredit schon mal ein Erfolg.

Nachteil bei einem Bausparvertrag. Die Verzinsung gilt in der Regel nur dann, wenn man nicht vorzeitig an das Geld muss. Löst man den Bausparvertrag vorzeitig auf, werden eventuell noch Gebühren fällig.

Ist es konservativ, einen Kredit aufzunehmen? Einen Augenblick bitte: Die Frage muss in einem anderen Kontext gestellt werden. Ich möchte das Wort „konservativ" durch das Wort „seriös" ersetzen, da sich das Wort „konservativ" meines

Erachtens auf die mehrheitliche Meinung der Gesellschaft bezieht.

Also:
Ist es seriös, einen Kredit aufzunehmen? Wenn es sich vermeiden lässt, nicht!
Ist es seriös, Geld auf dem Tagesgeldkonto anzulegen? Ja, wenn man zu jeder Zeit an das Geld möchte. Sie müssen somit keine Formulare ausfüllen und Gebühren zahlen. Sie haben Freizeit dazugewonnen.
Ist es seriös in einen Bausparvertrag zu investieren? Das liegt im Auge des Betrachters. Möglicherweise! Wenn du während der Laufzeit des Vertrages nicht auf das Geld zugreifen willst. Bedenke bitte, dass dir das Geld in diesem Zeitraum für Freizeitaktivitäten etc. fehlt. Man hat schließlich nur ein Leben.

Jetzt bin ich, weil ich das Thema „konservativ" und „Aktien" angesprochen habe, vom eigentlichen Thema „Aktien" abgekommen und habe „kurz" noch einiges zu den Themen „Kredit", „Tagesgeldkonto" und „Bausparvertrag" gesagt. Bausparverträge können beispielsweise staatlich gefördert werden. Falls du Interesse an einem Bausparvertrag hast, berufstätig bist, solltest du dich mit dem Thema vermögenswirksame Leistungen beschäftigen.

Ich habe jedenfalls meine beiden Bausparverträge vorzeitig aufgelöst und in Aktien investiert. Ich möchte dich noch mal an die Hinweise am Anfang des Buches erinnern.

Kapitel: Bitte lesen - Hinweise zum Inhalt des Buches

Aktien sind Anteile einer Firma. Macht die Firma Umsatz und erwirtschaftet Gewinne, steigt der Aktienwert. Anstatt 50€ kann eine Aktie dann beispielsweise 51€ Euro wert sein. Werden Verluste erwirtschaftet, sinkt der Kurs beispielsweise auf 45€. Unabhängig davon ist der Wert der Aktie von Angebot und Nachfrage abhängig. Prognostiziert ein Unternehmen erhebliche Gewinne, kann die Nachfrage extrem hoch sein und der Kurs steigt ins Unermessliche. Die Aktie kann zu diesem Zeitpunkt überbewertet sein. Muss die Firma die Erwartungen des Gewinns reduzieren, werden viele die Aktie schnell loswerden wollen. Der Wert einer Aktie ist also nicht nur von dem tatsächlichen Wert abhängig, sondern auch von der Nachfrage, weil die Erwartungshaltung sehr hoch oder sehr niedrig ist.

> *Der dümmste Grund eine Aktie zu kaufen, ist, weil sie steigt.*
> Warren Buffett

Was sind Dividenden?

Dividenden sind Gewinne eines Unternehmens, welche an die Aktionäre ausgeschüttet werden. Einige zahlen auch, obwohl sie keinen Gewinn erwirtschaftet haben. Ein Unternehmen muss keine Dividenden zahlen. Die Zahlung ist freiwillig. Es gibt auf diesem Planeten dennoch einige Unternehmen, die jedes Jahr zuverlässig Dividenden ausschütten, sogar die Dividenden Jahr für Jahr erhöhen, obwohl Finanzkrisen überstanden werden mussten und die Medien Angst verbreiteten. Von dieser Angst ist der Otto Normalverbraucher besessen. Daher wird schließlich immer vom Teufelswerk Börse gesprochen. Dann wenn die Kurse fallen, steigen alle aus, weil sie nicht noch mehr verlieren wollen.

An dieser Stelle möchte ich noch mal das Buch „Finanzberatung? Nein Danke! Ohne Beratung erfolgreich investieren" empfehlen! Mir hat es die Augen geöffnet und sehr weitergeholfen.

Ich halte zum Beispiel Fielmann und Colgate Palmolive. Fielmann erhöht seit zehn Jahren die Dividende, nur in den Jahren 2004 und 2005 hat Fielmann die gleiche Dividende gezahlt. Aber das ist in Ordnung, solange die Dividende nicht gesenkt wird. Colgate Palmolive zahlt seit über 100 Jahren ohne Unterbrechung Dividenden. 51 Jahre in Folge wurde die Dividende sogar erhöht.

Geh du in einer Finanzkrise mal zu deiner Bank und schlage vor, dass sie dir, obwohl gerade eine Krisenzeit ist, den Zins von 1% auf 1,2% erhöht. Ob du die Bank lebendig verlassen wirst? Die Bank wird dir wahrscheinlich den Vogel zeigen. Auch wenn Fielmann nicht so lange an der Börse ist wie Colgate Palmolive, hat Fielmann zum Beispiel die Finanzkrise bestens 2008 überstanden und die Dividende stetig erhöht.

Du kannst dich gerne bei Google über Finanzkrisen informieren.
Google: http://google.de
Suchbegriff: börsencrashs

Wie viel Dividende sollte ein Unternehmen zahlen? Wenn du dich näher damit beschäftigst, wirst du viel von Dividendenrenditen lesen.

Beispiel
Du hast eine Aktie zum Preis von 50€ gekauft. Das Unternehmen zahlt dir nun 1,40€. Das macht eine Rendite von 2,8%. Von welcher Bank erhält man schon 2,8%?

Ein Jahr vergeht und die Aktie hat nun einen Wert von 60€ und die Dividende wurde von 1,40€ auf 1,50€ erhöht.
Wie ist die Dividendenrendite?
Möglicherweise denkst du jetzt:
100 : 60€ x 1,50€ = 2,5% Rendite

Obwohl der Kurs gestiegen ist, hast du nun eine niedrigere Rendite von 2,5%. Im Vorjahr waren es noch 2,8%. Falls du so gedacht hast, liegst du falsch.
Die Dividendenrendite wird für das Folgejahr wie folgt berechnet:
100 : 50€ x 1,50€ = 3%
Relevant für die Berechnung der Dividendenrendite ist immer der Einkaufspreis der Aktie. Es kann natürlich auch sein, dass die Aktie von 50€ auf 40€ gefallen ist. Die Rendite liegt dann trotzdem bei einem Wert von 3%.

Wenn du die Aktie nun lebenslänglich, bis zu deinem Tod, hältst, wirst du jedes Jahr von den Dividendenerhöhungen profitieren. Die Rendite steigt jährlich.

Wann zahlen die Unternehmen die Dividende?
Deutsche Unternehmen zahlen die Dividende in der Regel einmal jährlich. Britische Unternehmen zahlen in der Regel halbjährlich und die amerikanischen Unternehmen in der Regel vierteljährlich.

Was ist mit einmal, halb- und vierteljährlich gemeint?
Nehmen wir obiges Beispiel als Bezugswert.
Du erhältst eine Dividende in Höhe von 1,40€ pro Aktie.
Jährlich bedeutet einmal im Jahr 1,40€ pro Aktie.

Halbjährlich bedeutet pro Halbjahr 0,70€ pro Aktie.

Vierteljährlich bedeutet pro Vierteljahr 0,35€ pro Aktie.

Unter dem Strich werden dir im Jahr pro Aktie 1,40€ ausgezahlt. Bei den halbjährlichen und vierteljährlichen Zahlungen ist es schön, dass man sehr häufige Zahlungseingänge auf dem eigenem Konto vorfindet. Die Beträge sind dann zwar nicht so hoch, aber es motiviert, weiterzumachen.

Die amerikanischen Unternehmen können für unsere europäischen Unternehmen gute Vorbilder sein, da sehr viele zuverlässig Dividenden zahlen und einige von ihnen sogar jährlich erhöhen.

Die Firmenphilosophie der Unternehmen ist es, die Dividende von Jahr zu Jahr zu erhöhen, um die Aktionäre zufriedenzustellen. Infolgedessen werden die Aktionäre sehr wahrscheinlich weiterhin in diese Unternehmen investieren.

Google: http://google.de
Suchbegriffe: amerikanische dividenden aristokraten

> *Die Deutschen sind Weltmeister im Sparen. Bei echten, gewinnbringenden Geldanlagen belegen sie hingegen die hintersten Ränge.*
> *Franz Rapf, Alles über Aktien*

Welche Aktien kommen in Auswahl für einen Kauf?

Als ich das Buch „Finanzberatung? Nein Danke! Ohne Beratung erfolgreich investieren" gelesen hatte, dachte ich, es kann doch nicht so einfach sein. Investiere in das, was du verstehst. Du verstehst jetzt wahrscheinlich noch gar nichts. Achtung: Jetzt wird's einfach!

Welche Zahnpasta benutzt du täglich?

Mit welchem Shampoo duschst du dich täglich?

Welchen Trainingsanzug trägst du beim Sport?

Kennst du den Senf von THOMY, dem aus der blauen Tube? Ein goldbraun gegrilltes Würstchen in einem Brötchen mit Senf schmeckt bestimmt super. Lecker! Schau doch mal, welcher Konzern dahinter- steckt. Dieser Weltkonzern wird dir mit hoher Wahrscheinlichkeit mit unterschiedlichen Produkten mehrmals im Leben begegnen. Du wirst überrascht sein!

Hast du einen Lieblingsverein? Welche Unternehmen sind Sponsoren dieses Vereins? Schau doch mal bei den Spielen auf die Bandenwerbung. Welche Unternehmen sind die Sponsoren der WM 2014? Welche Unternehmen sind die Sponsoren deines Lieblingsspielers?

Wenn ich fernsehe, registriere ich nun nicht mehr die Produkte in der Werbung, sondern die Unternehmen. In der regionalen Tageszeitung macht Brille Fielmann regelmäßig in der Samstagsausgabe Werbung. Für das Fernsehen werden Imagefilme gedreht, die zeigen, wie gut Brille Fielmann ist. Ja, Brille Fielmann ist nicht nur gut, sondern super! Die Marke weiß sich zu vermarkten. Ich bin selbst Brillenträger und kann mir ein Leben ohne Brille nicht vorstellen. Ohne Brille hätte ich Schwierigkeiten, diesen Text zu verfassen. Auch wenn ich noch kein Kunde von Fielmann bin, weil ich mit meinem Optiker zufrieden bin, werde ich, falls dieser Optiker nicht mehr existiert, Kunde von Fielmann sein. Ich werde Fielmann mit meinen Investments unterstützen.

Falls du in Aktien investieren willst, musst du nur genau hinschauen. Die Konzerne sind unter uns. Wenn ich im Kino, auf Geburtstagsfeiern, bei einem Tischtennisspiel und an vielen anderen Orten bin, sehe ich, wie die Menschen für mein Alter vorsorgen. Klingt komisch, ist aber so! Wenn du das bisher nicht gesehen hast oder noch nicht siehst, befindest du dich in einer, wie soll ich sagen, Hypnose? Bist du blind? Das trifft eventuell zu. Durch Medien bist du geblendet. Es wird ständig versucht, dir etwas zu verkaufen. Ja, die Produkte sind zum Großteil auch sehr gut! Unter dem Strich wollen sie immer an dein Geld! Ich will mittlerweile auch dein Geld. Ich will an

dieser Stelle nicht provozieren, aber ich habe mich in deiner Situation befunden. Jetzt bin ich Investor und verdiene, auch wenn es noch nicht viel ist und es sich noch um Peanuts handelt, am Konsum der Gesellschaft mit. Bei mir reicht es hin und wieder mal für einen Kinobesuch oder für die Pizza beim Italiener. Irgendwann sind mehr Kinobesuche oder Pizzen drin.
Wichtig: Du benötigst Geduld und Disziplin!
Du kannst dich daran beteiligen. Es ist gar nicht mal so schwer. Vielleicht stellst du dir jetzt auch die Frage, kann ich nicht unabhängig von den großen Konzernen leben? Wie kann ich etwas dagegen unternehmen? Kennst du die Demos, wo die Menschen mit den Schildern und Plakaten gegen bestimmte Ereignisse protestieren? Was hat es gebracht? Nichts! Das ist sinnlose Zeitverschwendung. Man belastet sein Herz, indem man sich aufregt und bleibt im schlechtesten Falle im Regen stehen. Hat man doppelt Pech, weht ein kalter Wind und lässt einen in den nassen Klamotten frieren. Toll!
Kannst du dich an die Millionengehälter und Transfers der Fußballspieler erinnern? Findest du das in Ordnung? Ich finde es in Ordnung! Die Menschen unterstützen schließlich diese Gehälter. Wie man etwas dagegen unternehmen kann, habe ich bereits geschrieben!

If you can't beat them join them!
Zu Deutsch: Wenn du sie nicht besiegen kannst, verbünde dich mit ihnen!

Bist du konservativ? Bist du gefangen von der Massenpsychologie der Menschen? Kennst du die Situation, wenn du eine andere Meinung als die Mehrheit der Menschen hast, diese aber nicht äußerst, weil du sonst komisch angeschaut wirst? Man muss sicherlich nicht sein gesamtes Leben auf den Kopf stellen. Ich werde weiterhin Fußballfan sein und Fußballspiele besuchen, weil es mir Freude bereitet. Trotzdem sollte man sich nicht immer irgendwelche Kredite etc. (Entschuldigung für die Ausdrucksweise) aufschwatzen lassen, um für den Moment glücklich zu sein, und später mit den Konsequenzen leben müssen.

Kannst du dich an den 5.000-€-Kredit erinnern? Wenn du einen Kredit 5 Jahre abbezahlen musst, zahlst du ca. 5.700€. Legst du das Geld beispielsweise in einem Bausparvertrag an, musst du für 5.000€ ca. 4.300€ zahlen. Du hast also über 1.000€ gespart oder auch nicht, je nachdem für welche der beiden Varianten du dich entschieden hast. Davon könnte man schon 2x in den Urlaub fahren oder die Klassenfahrten der Kinder bezahlen ;-)

Hinterfrage, welche Unternehmen hinter den Produkten stecken, die du täglich siehst! Mittlerweile ist ein Produkt für mich nicht nur ein Verbrauchsgut, sondern ein Investment. Wenn ich Menschen im Adidas- oder Nike-Trainingsanzug joggen sehe, denke ich, cool – da läuft mein Investment. Beide Hersteller stellen super Produkte her und zahlen regelmäßig eine Dividende. Ich bin sehr zufrieden mit den Produkten.

Ich habe vor einigen Jahren einen Kredit für ein Auto aufgenommen. Da ich das Geld für ein Auto benötigte, um zu meinem Arbeitgeber zu fahren, ging es nur mittels Kredit. Ich bin sehr zufrieden mit diesem Auto und fahre heute noch damit von A nach B! Einen Kredit kann man nicht immer vermeiden! Wenn du die Möglichkeit hast, vermeide einen Kredit!!!
Welcher Autokonzern zahlt zuverlässig Dividende? Gibt es überhaupt einen zuverlässigen Autokonzern?

Auch hier möchte ich wieder auf das Kapitel am Anfang des Buches hinweisen: Bitte lesen - Hinweise zum Inhalt des Buches.

Investiere in die Konzerne, deren Produkte du verstehst. Können die Menschen auf diese Produkte verzichten? Wenn nicht, kann es eine gute Investition sein.

Die Leichtigkeit, mit der gewisse Meinungen allgemein werden, hängt vor allem mit der Unfähigkeit der meisten Menschen zusammen, sich auf Grund ihrer besonderen Schlüsse eine eigne Meinung zu bilden.
Gustave Le Bon: Psychologie der Massen (German Edition) by Gustave Le Bon

Aktienplantage

Warum lautet der Haupttitel des Buches „Aktienplantage"?
Warum habe ich die Untertitel „Die Volatilität des Rentenniveaus", „Finanzielle Unterstützung durch Konzerne" und „Wie wir und unsere Kinder von Konzernen profitieren" genannt?

In den vergangenen Kapiteln habe ich zu keinem Zeitpunkt von einer Plantage gesprochen.

Bilder sagen mehr als tausend Worte. Öffne deine Augen und mache dir ein Bild davon!
Google Bildersuche: http://images.google.de
Suchbegriff: Plantage

Bei einer Plantage handelt es sich um die Bepflanzung eines großen Gebiets mit einer oder mehreren Kulturpflanzen. Hast du schon mal einen Apfelbaum gezüchtet? Gehe zum nächsten Bio- oder Supermarkt und kaufe dir einen Apfel. Spalte diesen Apfel und entnimm diesem den Kern. Hierbei handelt es sich um den Apfelkern. Pflanzt du diesen in einen Blumentopf mit Erde und gießt ihn regelmäßig, wirst du irgendwann eine Sprosse sehen. Diese Sprosse wird mit der Zeit zu einem Stamm. Da der Blumentopf nicht mehr ausreicht, musst du einen Platz im Garten suchen und den Stamm dort einpflanzen. Der Stamm wird größer und größer und trägt irgendwann die ersten Äpfel. Was kostet dich diese Äpfel am Baum? Nichts! Jetzt kannst du sogar eigene Äpfel verkaufen.

Gibt es Risiken? Ja!
Du hast dich für die falsche Apfelsorte entschieden, dir und anderen Menschen schmeckt die Apfelsorte nicht.
Du hast dich für die richtige Apfelsorte entschieden, aber der Blitz ist eingeschlagen. Der Baum ist verbrannt und du musst von vorne beginnen.
Wie viele Jahre hast du benötigt, um diesen Baum zu züchten? Wenn du heute einen neuen Apfelkern pflanzt, wirst du morgen sicherlich noch nicht den Baumstamm sehen und du kannst von den Ästen noch keine Äpfel pflücken.
Aller Anfang ist schwer!
Die Zucht eines Baumes ist mit viel Arbeit verbunden. Bis du den ersten eigenen Apfel essen kannst, benötigst du Geduld und Disziplin. Überlege dir, wie viel du in diesen Baum investiert hast.
Du hast den Apfel gekauft. Du hast den Blumentopf gekauft. Du hast die Erde gekauft. Du hast Wasser verbraucht, damit der Baum gedeihen kann.

Risiken gibt es viele. Du hast dich für die falsche Apfelsorte entschieden oder der Blitz ist eingeschlagen.

Hast du den Apfel einmal probiert, bevor du den Apfelkern eingepflanzt hast? So lässt sich vermeiden, die falsche Apfelsorte auszuwählen und dann auch noch regelmäßig zu pflegen.
Du bist perfekt vorbereitet, der Baum trägt viele leckere Äpfel und plötzlich schlägt der Blitz ein. Tja! Pech gehabt! Du könntest heulen! Das Leben muss aber weitergehen. Unabhängig von dieser Apfelbaumgeschichte kennst du doch sicherlich auch Momente, wo du Dinge oder sogar einen Menschen verloren hast? Man kann das Geschehene nicht rückgängig machen. Es bleiben die hoffentlich schönen und positiven Erinnerungen. Bewahre dir diese Erinnerungen. Sie können dir Kraft in schwierigen Zeiten geben!

Ich möchte an dieser Stelle nicht sentimental werden, aber ich möchte veranschaulichen, was passieren kann. Der Blitzeinschlag bedeutet einen Totalverlust. Den falschen Apfelkern zu pflanzen, bringt ungenießbare Äpfel. Man sieht zwar den Apfelbaum und die Arbeit, die man investiert hat, aber man kann von diesem Baum keinen Apfel essen. Was bleibt, ist die Erfahrung, die man gesammelt hat.

Wie gesagt, wenn man den Apfel zuerst probiert, hat sich das Problem, mit den falschen Baum zu züchten erledigt. Befragt man weitere Menschen, wie der Apfel schmeckt, wird einem die Entscheidung erleichtert und die Gefahr reduziert, einen Baum zu züchten, dessen Äpfel nicht schmecken.

Was kann man gegen den möglichen Blitzeinschlag tun?
Frage deine Bank, ob du den Baum gegen einen Blitzeinschlag versichern kannst. Eventuell kann man den Baum versichern. Du bist jetzt gegen einen Blitzeinschlag versichert. Schlägt der Blitz ein, erhältst du Geld von der Versicherung. Super! Jetzt schlägt aber nicht der Blitz ein, sondern der Baum wird durch einen Sturm umgeweht. Die Versicherung zahlt nicht und du kannst den Baum zu Brennholz verarbeiten. Dein Ofen wird sich freuen. Aber was ist mit dem an die Versicherung gezahlten Geld? Wirst du es wiedersehen?

Gibt es eine Alternative zu der Versicherung?
Was spricht dagegen, dass du mehrere Apfelkerne pflanzt, mehrere Apfelbäume züchtest? Wird ein Baum umgeweht, hast du trotzdem noch den eigenen Apfel. Du hast zwar einen Baum verloren, aber die restlichen Bäume kompensieren den Verlust. Kommt nun ein gewaltiger Sturm, ein Blitz schlägt ein und die Bäume werden durch den starken Wind umgeweht, hast du ebenfalls einen Totalschaden. Lösung: Du musst die Bäume an unterschiedlichen Orten züchten. Dass dieser eine gewaltige Sturm dann zufällig an alle diesen Orten die Bäume beschädigt, ist relativ unwahrscheinlich, aber nicht ausgeschlossen.

Perfektion ist eben unmöglich. Gerade deshalb sollte es das Ziel sein, die Gefahren zu reduzieren, um das bestmögliche Resultat zu erzielen.

Was ist, wenn in den nächsten zwei Jahren die Nachfrage nach Birnen größer ist als nach Äpfeln? Du hast sicherlich auch Birnenbäume und viele andere Baum- und Pflanzen-Arten an unterschiedlichen Orten gezüchtet? Nicht wahr? Es gibt sicherlich noch weitere Risiken für Apfelbäume und Co.!

Was hat das jetzt mit dem Buchtitel „Aktienplantage" zu tun?

Das Ziel soll es sein, Geld in Konzerne zu investieren, die an unterschiedlichen Orten vertreten sind. Optimal ist ein Konzern, der weltweit vertreten ist. Bei der Auswahl eines Konzerns sollte man sich immer die Frage stellen, können wir auf die Produkte des Konzerns in der Zukunft verzichten? Wasser- und Stromversorger können beispielsweise auch interessant sein. Stelle dir die Jugendlichen der heutigen Zeit ohne Handy vor!

Vorsicht bei Technikkonzernen! Nokia, Loewe und Infineon sind gute Beispiele. Technik ist immer vom Trend abhängig. In Technik Geld zu investieren ist sehr riskant.

Was machen die Jugendlichen, wenn kein Strom verfügbar ist? Was macht die Gesellschaft, wenn kein Strom verfügbar ist? Wie duschen wir uns, wenn das Wasser nicht aus dem Wasserhahn kommt?

Wichtig: Bei der Auswahl der Konzerne muss man unbedingt schauen, dass die Konzerne zuverlässig, ununterbrochen die letzten Jahre Dividende gezahlt und gegebenenfalls erhöht haben. Ein Konzern, der das eine Jahr 1€, das zweite Jahr 0,50€, das dritte Jahr 3€, die darauffolgenden vier Jahre 0€ und dann wieder 1€ pro Aktie zahlt, ist unzuverlässig. Investiere nicht in solche Unternehmen! Colgate Palmolive und Fielmann sind gute Beispiele für zuverlässige Konzerne. Die Aktien kannst du möglicherweise ein Leben lang halten.

Du und ich, wir müssen irgendwann einmal „Lebewohl" sagen. Wenn wir unseren Kindern zuverlässige Investitionen hinterlassen, Konzerne, die zuverlässig jedes Jahr die Ausschüttung erhöhen. Vielleicht können die Kinder von den Dividendenzahlungen in den Urlaub fahren oder laufende Kosten bezahlen?

Was ist mit dir? Du investierst dein Geld viele Jahre in Konzerne. Und jetzt? Wenn du in Rente bist, musst du nicht mehr investieren. Du kannst es natürlich tun. Es reicht aber, wenn du die Dividenden erntest. Vergleiche es mit dem Apfelbaum. Irgendwann kannst du die Äpfel pflücken.

Wenn ein Apfelbaum zu faulen beginnt, trägt er nicht mehr viele Äpfel. Der Baum muss gefällt werden. Ein neuer Apfelbaum muss gezüchtet werden. Dieser Apfelbaum lässt sich mit einem Konzern vergleichen, der plötzlich die Dividenden gekürzt oder gestrichen hat. In diesem Fall solltest du wechseln, es sei denn, der Konzern befindet sich in einer Ausnahmesituation und hat versprochen, in der Zukunft die Dividenden wieder zu erhöhen. Die General Electric Company ist ein gutes Beispiel. Vor der Finanzkrise 2008 hat der Konzern einen großen Fehler gemacht und daraus gelernt. Mein Vertrauen jedenfalls hat der Konzern.

Es gibt sicherlich viele andere Möglichkeiten für die Altersvorsorge. Nehmen wir an, du schließt einen Rentenvertrag mit einer Bank ab, der gegebenenfalls sogar vom Staat gefördert wird. Wenn du den Zeitpunkt erreicht hast, in Rente zu gehen, wirst du natürlich wollen, dass die Bank dir monatlich zusätzlich zu der gesetzlichen Rentenversicherung einen Betrag zahlt. Ja, sie wird zahlen! Du wirst keine Gerichtsverhandlung führen müssen. Du wirst keine Diskussionen führen müssen. Die Bank wird dir monatlich einen Betrag zahlen! Du hast nun, sagen wir, 40 Jahre der Bank Geld gezahlt, damit du monatlich eine zusätzliche Rente erhältst. Zwei Jahre später diagnostiziert der Arzt Krebs, du hast nur noch sechs Monate zu leben. 40 Jahre hast du eingezahlt und seit 2,5 Jahren erhältst du das Geld der Bank. Die Gesundheit ist in diesem Moment natürlich wichtiger als das Geld! Auch

wenn es für dich eventuell anders klingen mag! Es lässt sich aber nicht ändern. Es ist vergleichbar mit dem Blitzschlag. Schock! Trauern bringt nichts. Das ist leichter gesagt als getan. Genieße die verbleibende Zeit mit deiner Familie. Mach das Beste daraus. Entschuldigung, wenn ich hier wieder sentimental werde, aber das sind nun mal wichtige Aspekte!
Du hast nun 40 Jahre Geld für eine zusätzliche Rentenversicherung gezahlt, um 2 Jahre und 6 Monate Geld zu erhalten. Danach gibt es einen Cut (Unterbrechung). Dein Ehepartner muss sehen, wie er die monatlichen Mietkosten und die Verpflegung zahlt. Er benötigt Hilfe bei Einkäufen usw. Die Konzerne hingegen lassen deinen Ehepartner nicht im Stich. Dein Ehepartner erbt die Aktien und die Konzerne zahlen zuverlässig weiter. Muss dein Ehepartner ebenfalls „Lebewohl" sagen, erben die Kinder die Konzernaktien und profitieren davon. Sie können weiter investieren und sich jährlich über die steigenden Dividenden erfreuen. Werden deine Kinder das fortsetzen, was du begonnen hast, wird es ein Familieninvestment für mehrere Generationen sein.
So kann deine Familie glücklich leben und es bleibt vielleicht sogar Geld übrig, welches sie nicht benötigt. Dieses kann sie dann unter anderem Stiftungen spenden, die beispielsweise hungernden Kindern helfen. Teile dein Glück! Jeder ist für sich selbst verantwortlich. Einige Menschen auf dieser Welt haben das Pech, sich

nicht selbst versorgen zu können, auf die Hilfe anderer angewiesen zu sein. Und es gibt noch viele andere Probleme auf diesem Planeten. Was kannst du dagegen tun? Nahezu nichts! Die Menschen, die dieses Unglück verbreiten, müssen sich ändern.
Schau doch mal nach Kindern mit Waffen.
Google Bildersuche: http://images.google.de
Suchbegriff: kindersoldaten

Finde dein Glück und helfe anderen, ihr Glück zu finden! Wir haben in den Wirtschaftsländern die besten Mittel dazu! In Deutschland beispielsweise muss man nur wollen und man hat Erfolg.
Wenn du denkst, du willst, aber nicht handelst, belügst du dich selbst!
Mit dem Zeigefinger auf andere zu zeigen bringt nichts. Man muss sich selbst ändern. Auch wenn man scheitern sollte, muss man beharrlich bleiben und durchhalten. So mancher Weg ist nicht leicht, aber wenn man dadurch Glück und Zufriedenheit erlangt, hat es sich gelohnt!

Wie wir und unsere Kinder von Konzernen profitieren, ist, denke ich, soweit klar. Was hat das mit dem volatilen Rentenniveau zu tun? Wir haben immer weniger vom Netto, wenn wir in Rente gehen. Mal steigt zwar wieder das Rentenniveau, aber wenn man die letzten Jahre betrachtet, sinkt das Rentenniveau tendenziell. Wenn wir in Konzerne investieren, die seit 10, 20, 50 und mehr Jahren die Dividende trotz

Finanzkrisen erhöhen, ist das doch sehr zuverlässig. Die Kurse bei den Konzernen sind wie der Verlauf des Rentenniveaus sehr volatil. Es gibt also Schwankungen. Es kann sein, dass der aktuelle Wert einer Aktie unter deinem Einkaufspreis liegt. Und? Der Konzern erhöht trotzdem die Dividende und der Kurs solcher Konzerne steigt tendenziell. Wenn die Kurse fallen oder gefallen sind, ist ein günstiger Zeitpunkt, um nachzukaufen. Das steigert die Dividendenrendite, da die Dividende beibehalten oder erhöht wird. Eine Finanzkrise könnte man auch als Sommerschlussverkauf bezeichnen. Man bekommt für weniger Geld mehr Aktien.

Kennst du Menschen, die an der Börse viel Geld verloren haben? Ich kenne welche! Frage sie mal, in welche Konzerne sie investiert haben. Wenn du diese Konzerne analysierst, wirst du wahrscheinlich feststellen, dass diese Konzerne unzuverlässige Dividendenzahler sind.
Bei einer Dividendenstrategie geht es nicht um steigende und fallende Kurse, sondern es geht um die steigenden Ausschüttungen (Dividendenrendite). Dessen musst du dir bewusst sein! Wenn man die Aktienkurse der zuverlässigen Dividendenkonzerne beobachtet, stellt man fest, dass sie tendenziell sogar steigen.

Der Anfang hat mit sehr viel Geduld und Disziplin zu tun. Einen Urlaub wird man sich zu Beginn von den regelmäßigen

Dividendenzahlungen wahrscheinlich noch nicht leisten können.

Wenn Regierungen in Vierjahreszyklen wechseln und immer wieder Gesetze ändern, hat das mit einer gewissen Willkür zu tun, obwohl es gut gemeint ist. Ich finde es beispielsweise super, dass die Rente ab 63 Jahren eingeführt wurde. Menschen, die viele Jahre hart gearbeitet haben, haben es verdient! Was wird wohl sein, wenn sich der Staat die Rente ab 63 im Jahre 2030 nicht mehr leisten kann? Müssen dann die 63-Jährigen wieder bis 66 oder sogar bis 69 arbeiten? Wir wissen es nicht. Das ist unzuverlässig! Was ist mit dem Flughafen in Berlin und anderen Bauten, wo durch die Erarbeitung falscher Konzepte Steuern verschwendet wurden. Es geht immer nur um das schnelle Geld! Viele Konzerne wollen jedes Jahr profitabler wirtschaften. Einige von ihnen wollen Aktionäre anlocken und diese zufriedenstellen, indem sie jährlich Dividenden zahlen und gegebenenfalls sogar erhöhen.

Die Politik hat für jeden Einzelnen von uns eine gewisse Willkür. Du wählst Partei A, aber Partei B regiert mit Partei C. Du musst diese Entscheidungen akzeptieren. Ob du willst oder nicht! Pech gehabt! Du musst dich der Mehrheit anschließen! Wie du dein Geld investierst, ist deine Entscheidung. Hier bist du nicht von der Mehrheit abhängig! Das ist dein Vorteil!

Bist du skeptisch? Möglich!
Meine Empfehlung: Lies die beiden Bücher, die ich dir genannt habe! Auch wenn du nicht skeptisch bist, solltest du sie lesen! Mir haben diese Bücher sehr weitergeholfen! Dafür bin ich den Autoren sehr dankbar!

Bist du immer noch skeptisch? Möglich!
Suche nach soliden Konzernen und überzeuge dich selbst!
In den folgenden Kapiteln werde ich dir erklären, wie man solche Konzerne findet, wie man Aktien kaufen kann, was beim Aktienkauf zu beachten ist und wie viel Steuern du dafür eventuell zahlen musst. Da ich nicht steuerrechtlich beraten darf, musst du mit deinem Steuerberater/Finanzamt Kontakt aufnehmen und die Einzelheiten klären!

> *Money that comes easily disappears quickly, but money that is gathered little by little will grow.*
> *Proverbs 13:11*

Wo suche ich nach Konzernen?

http://www.mydividends.de
Bei mydividends.de findet man solch zuverlässige Konzerne. Auf dieser Seite sieht man, wann ein Konzern die Dividende ausschüttet. Die für mich relevanten Informationen sind, <u>seit wann</u> der Konzern die Dividende zahlt und <u>wie viele Jahre in Folge</u> der Konzern die Dividende erhöht hat. Colgate Palmolive zahlt seit 1895 ununterbrochen die Dividende! Dieser Konzern erhöht seit über 50 Jahren seine Dividende. Wahnsinn! Stelle dir einmal vor, deine Bank würde jedes Jahr den Zins steigern, obwohl die EZB den Leitzins senkt. Wäre das nicht schön? Das ist ein schöner Traum, nicht wahr? Vielleicht erlebe ich es noch, dass Colgate Palmolive 100 Dividendenerhöhungen in Folge durchführen wird. Wenn nicht, erleben es vielleicht meine Kinder. Seit Jahren bin ich zufriedener Kunde von Colgate Palmolive. Täglich verwende ich die Zahnpasta. Jetzt bin ich nicht nur Kunde, sondern auch Investor von Colgate Palmolive!

http://www.finanzen.net
Bei finanzen.net findest du täglich aktuelle Nachrichten zur Börse und zu allem, was dazugehört.
Oben rechts im Eck kannst du einen Suchbegriff eingeben. Gib zum Beispiel den Begriff „Colgate Palmolive" ein. Hast du die Aktienseite von Colgate Palmolive aufgerufen, kannst du dir dort

den Kursverlauf anschauen und aktuelle Nachrichten lesen.

Du findest auf der linken Seite des Kursverlaufs die Marktkapitalisierung. Bei Colgate Palmolive sind es ca. 45 Milliarden Euro. Diese Zahl kannst du dir wahrscheinlich genauso wenig vorstellen, wie ich sie mir vorstellen kann. Gigantisch! Diese unvorstellbar große Zahl sagt aus, wie wertvoll die im Umlauf befindlichen Aktien sind. Wenn bei solch einem Unternehmen der Blitz wie bei dem Apfelbaum einschlägt, wird sich das Unternehmen im Gegensatz zum Baum wahrscheinlich wieder erholen. Schau dir die letzten Finanzkrisen an. Diese kann man mit einem Blitz vergleichen. Colgate Palmolive zahlt trotzdem zuverlässig Dividenden. Also: Ein weiterer wichtiger Faktor ist die <u>Marktkapitalisierung</u>. Auf diesem Planeten existieren Unternehmen mit einer Marktkapitalisierung von über 100/200/300 Milliarden Euro. Weil an den Konzernen so viel hängt, ist es eher unwahrscheinlich, dass solche Konzerne Insolvenz anmelden. 300 Milliarden Euro sehen in Ziffern wie folgt aus: 300.000.000.000 Euro. Gigantisch! Otto Normalverbraucher wäre mit einem winzigen Bruchteil des Betrages sehr zufrieden.

Interessant ist der Punkt „Dividende/HV". Du findest diesen im oberen Bereich der Seite. Bei Colgate Palmolive sieht man, dass in den letzten Jahren immer die Dividende erhöht wurde.

Wenn du diese Aktie später kaufen willst, benötigst du die WKN- oder ISIN-Bezeichnung. Diese findest du im oberen Bereich der Seite. Falls es dich interessiert, für was die Abkürzungen WKN und ISIN stehen, kannst du gerne Google nutzen.

Google: http://google.de
Suchbegriffe: wkn isin

Wenn du in einem Onlineshop einen bestimmten Artikel kaufen willst, ist es von Vorteil, zu wissen, wie die Artikelnummer ist, oder du bist gezwungen, mithilfe von Suchbegriffen den Artikel zu finden. Die Artikelnummer kann man mit der WKN und ISIN vergleichen. Der entscheidende Unterschied ist der, dass die Artikelnummer nur in diesem Onlineshop für den Artikel gültig ist. Die WKN und ISIN sind an jedem Börsenplatz der Welt gültig! Wenn du die WKN und ISIN nicht findest, wird an der Börse diese Aktie nicht gehandelt. Es kann also durchaus sein, dass du eine Aktie kaufen willst, die gar nicht verfügbar ist. Bei großen, soliden, zuverlässigen Konzernen ist es sehr unwahrscheinlich. Wahrscheinlicher ist ein Weltuntergang. Wie wahrscheinlich ist schon ein Weltuntergang?

http://www.google.com/finance
Wenn du auf der Finanzseite von Google nach Colgate Palmolive suchst, siehst du wie bei finanzen.net einen Kursverlauf. Diese Kursverläufe bezeichnet man auch als Chart.

Klickst du in diesem Chart bei Zoom auf All, siehst du einen seit ca. 1980 tendenziell steigenden Kurs. Da viele Internetseiten nicht alle Dividenden und Kursverläufe kennen, kann es sein, dass Kursverläufe auf den ersten Blick unterschiedlich sind. Eine Internetseite X kennt beispielsweise mehr historische Daten als Internetseite Y. Um den tendenziellen Kursverlauf zu sehen, nutze ich in den meisten Fällen Google. Die Ansicht ist kompakt. Die blauen D im Chart sind die vierteljährlichen Dividendenzahlungen. Die grünen S kann man bei Konzernen wie Colgate Palmolive als positiv interpretieren. Das S ist die Abkürzung für Split. Um den Aktienkauf attraktiver zu machen, teilen viele Konzerne die Aktien beispielsweise im Verhältnis 2:1.
Beispiel:
Die Aktie ist 100€ wert. Dann wird die Aktie von dem Konzern durch 2 geteilt. Du besitzt jetzt zwei Aktien, die jeweils 50€ wert sind. In der Summe haben sie dennoch einen Gesamtwert von 100€. Warum kann ein Split nun positiv sein? Obwohl eigentlich nicht mehr Wert entstanden ist, ist für Anleger der Preis pro Aktie optisch günstiger. Die Nachfrage steigt. Durch die erhöhte Nachfrage steigt in der Regel auch der Kurs. Fielmann plant beispielsweise im Jahr 2014 einen Aktiensplit im Verhältnis 2:1.
Stelle dir vor, du wechselst mit jemandem 100€. Du gibst ihm einen 100-€-Schein und er gibt dir

dafür zwei 50-€-Scheine, so hast du optisch gesehen mehr, obwohl es in der Summe 100€ sind.

http://finance.yahoo.com
Eine weitere Seite, die ich dir empfehlen möchte, ist die Finanzseite von Yahoo. Gib beim Suchbegriff „Colgate Palmolive" ein und suche mit dem Schalter „Search Finance". Du findest dort viele interessante statistische Werte.
Klickst du beispielsweise bei dem Chart auf „max", siehst du wie bei Google ebenfalls einen Kursverlauf seit ca. 1980.
Auf der linken Seite in der Navigations-Spalte findest du den Punkt „Historical Prices". Hast du die Seite aufgerufen, kannst du dort „Dividends Only" auswählen und auf den Schalter „Get Prices" klicken. Hier werden in einer Liste ebenfalls die Erhöhungen der letzten Jahre angezeigt.

Viele Konzerne auf diesem Kontinent haben das Bedürfnis, Jahr für Jahr die Dividende zu erhöhen, um die Aktionäre zufriedenzustellen. Colgate Palmolive gehört meines Erachtens zu den Musterkonzernen! Solchen Unternehmen vertraue ich mein Geld an. Sie zahlen auch dann noch, wenn ich nicht mehr lebe, und davon profitieren auch meine Kinder. Verglichen mit einem Auto, Haus oder Grundstück hat man mit Aktien wenig Arbeit. Ein Auto muss regelmäßig zur Inspektion und TÜV/AU. Ein Haus muss instand gehalten werden. Das Dach muss erneuert werden. Das Haus muss besser isoliert werden. Das Grundstück will gepflegt werden. Das ist mit Geld und Arbeit verbunden. Hat man in solide Unternehmen investiert, muss man im wahrsten Sinne des Wortes nur Däumchen drehen und abwarten.

Auch der Kursverlauf von Colgate Palmolive ist schwankend. Hast du dir bei finanzen.net, Google und Yahoo den Chartverlauf angeschaut? Wie du siehst, ist der Kursverlauf über viele Jahre gesehen steigend. Es ist zwar nicht schön, sein Konto in einer Krise schrumpfen zu sehen, aber es wird sehr wahrscheinlich wieder wachsen. Ob Krise oder nicht. Die Dividenden werden gezahlt. Erzähle das doch mal deiner Bank. Stelle dir mal steigende Zinsen auf deinem Giro- und Tagesgeldkonto vor. Dir erhöht keine Bank der Welt die Zinsen Jahr für Jahr. Oder? Ich kenne keine Bank, die das macht! Kennst du eine?

Es benötigt Zeit, bis man davon ordentlich profitiert. Geduld und Disziplin sind gefragt. Auch der Apfelkern ist morgen noch kein gigantischer Apfelbaum!

Es gibt natürlich noch viele andere gute Internetseiten. Mir helfen diese sehr gut weiter.

Ich fasse hier die wesentlichen Punkte noch mal kurz zusammen:

Die Dividende sollte seit vielen Jahrzehnten gezahlt werden.
Und sie sollte seit vielen Jahrzehnten regelmäßig erhöht und nicht gekürzt werden.
Die Marktkapitalisierung sollte mehrere Milliarden betragen.
Der Kursverlauf sollte seit Jahrzehnten tendenziell steigen.
Sei von dem Firmenkonzept überzeugt. Das hat etwas mit Vertrauen zu tun. Hat das Produkt des Unternehmens eine Zukunft?

Die Produkte von Colgate Palmolive und Fielmann müssen gut sein. Ansonsten wären sie nicht so erfolgreich. 100% Sicherheit gibt es nie! Mir persönlich scheinen solche Konzerne zuverlässiger als irgendwelche Renten- und andere Verträge, wo die Ausschüttungen gekürzt werden.

> *Wenn man einem Menschen trauen kann, erübrigt sich ein Vertrag. Wenn man ihm nicht trauen kann, ist ein Vertrag nutzlos.*
> Jean Paul Getty

Wie und wo kaufe ich die Aktien?

Als ich mich mit dem Thema Börse und dem Teufelswerk Aktien auseinandergesetzt habe, habe ich mir bezüglich der Frage „Wie und wo kaufe ich Aktien?" keine Gedanken gemacht.

Wenn viele Menschen an der Börse so erfolgreich sind und davon leben können, warum wird dann immer von Teufelswerk gesprochen? Für mich gibt es dazu nur eine Erklärung. Menschen haben auf die falschen Ratschläge gehört. Du musst die Aktie xyz kaufen! Vertrau mir! Vertrauen ist gut, Kontrolle ist besser! Ich habe nach Büchern und Menschen geschaut, die durch ihre Fehler und Erfahrungen dazugelernt haben und heute davon profitieren. Eine berühmte und erfolgreiche Person ist Warren Buffett. Wo hat Warren Buffett investiert und warum? Ob Warren Buffett Fehler gemacht hat, weiß ich nicht! Vermutlich! Was ich jetzt weiß, ist, warum er in bestimmte Konzerne investiert hat. Man kann darüber sehr viel lesen.

Google: http://google.de
Suchbegriffe: warren buffett

Das Buch „Finanzberatung? Nein Danke! Ohne Beratung erfolgreich investieren (Finanzen 1)" hat mir sehr gut weitergeholfen.

Erst nachdem das Thema „Was ist die Börse? Macht es Sinn, Aktien zu kaufen? Wenn ja, welche

Aktien kaufe ich und warum?" erledigt war, habe ich mich mit dem Thema „Wie und wo kaufe ich Aktien?" auseinandergesetzt. Wenn du dir an dieser Stelle noch nicht sicher bist, empfehle ich dir, die beiden genannten Bücher zu lesen. Erfahrungen sind meines Erachtens unbezahlbar, wenn man daraus lernt! Du musst keine Fehler wiederholen, die andere bereits gemacht haben. Daher rate ich dir, die beiden Bücher zu lesen. Setze dich mit der Person Warren Buffett auseinander.

Wichtig: Orientiere dich an erfolgreichen Menschen!

Sich mit Personen im eigenen Umfeld darüber zu unterhalten, macht meistens wenig Sinn. Man erhält in der Regel Antworten wie „Pass bloß auf!", „Mach das bloß nicht!", „Ich kenne da jemanden, der sich verzockt hat!" oder „So ein Teufelszeug!". So ging bzw. geht es mir jedenfalls.

Ja, man muss aufpassen!

Ja, mag sein, dass sich jemand verzockt hat! Pech gehabt oder besser gesagt „eigenes Unvermögen"! Ich zocke nicht, ich investiere! Zocken kann man beim Lotto, bei Sportwetten oder im Kasino. Wie viel Geld hast du schon bei Wetten verzockt? Beim Wetten habe ich auch schon viel Geld verloren. Hätte ich es bloß in solide Konzerne investiert! Man kann auch an der Börse zocken! Wer wird Weltmeister 2014? Dafür gibt es auch ISIN-Nummern. So etwas ist zocken! Colgate-Palmolive-Aktien zu kaufen und langfristig zu halten, ist gut investiertes Geld und hat nichts mit Zocken zu tun!

Ja, so ein Teufelszeug, wenn man sich nicht richtig mit dem Thema auseinandergesetzt und viel Geld verloren hat!

Ich investiere in Dividendenaktien. Es gibt sicherlich andere und effektivere Möglichkeiten. Da ich Woche für Woche arbeiten gehen muss, möchte ich mich möglichst wenig mit meinen Investments beschäftigen, da man sehr viel Zeit mit dem Thema Börse verbringen kann. Man hat schließlich auch noch Hobbys.

Bist du bereit? Hast du dich richtig informiert? Ja? Los geht's!

Nachdem ich die Analyse „Was ist Börse? Was sind Aktien?" abgeschlossen habe, habe ich mir überlegt: Kostet es etwas, Aktien zu kaufen? Fallen Kontoführungsgebühren an? Wenn man ein Aktienkonto hält, nennt man es „Depot". In diesem Depot werden die Aktien digital gelagert. Da ich versuche, sehr gründlich zu arbeiten und das bestmögliche Ergebnis zu erzielen, habe ich feststellen müssen, dass ich leider nicht bei meiner derzeitigen Bank bleiben kann. Ich mache eine Analyse, um davon profitieren zu können! Nach vielen Testberichten habe ich mich letztendlich für die Consorsbank entschieden. Es gibt sicherlich viele Banken, die ein ähnlich gutes Angebot haben. Mich persönlich hat die Consorsbank überzeugt.

Internetbank: www.consorsbank.de

Ich habe ein kostenloses Giro- und Tagesgeldkonto. Sprich: Ich muss keine Kontoführungsgebühren zahlen. Der Zins ist höher als bei meiner ehemaligen Bank. Ich bin nun auch im Besitz einer Kreditkarte. Die Kreditkarte ist ebenfalls kostenlos. Das Depot für die Aktien kostet mich nichts. Der Telefonsupport ist super zu erreichen, kompetent und sehr freundlich! Auch meine ursprüngliche Bank war immer kompetent und freundlich mir gegenüber. Wenn man aber Ausgaben vermeiden kann, sollte man das auch tun. Dieses Geld kann schließlich investiert werden. Kleinvieh macht auch Mist.

Um Aktien kaufen zu können, muss man Gebühren zahlen. Ich zahle beispielsweise im ersten Jahr pro Aktienkauf 4,95€. Ob man Aktien im Wert von 250€, 500€, 1000€ oder mehr kauft, ist irrelevant. Man muss die Gebühr pro Kauf (nicht pro Aktie) zahlen. Das Gleiche gilt für den Verkauf. Für den Verkauf muss man ebenfalls 4,95€ zahlen. Investiert man 500€, sollte der Wert der Aktien beim Verkauf mindestens bei 509,90€ liegen, damit man keinen Verlust macht, wobei das nicht wirklich stimmt. Da der Staat am Gewinn beteiligt werden will, muss man gegebenenfalls Steuern zahlen. Auf die Steuern werde ich im nächsten Kapitel „Steuerwahnsinn" gesondert eingehen.

Ich habe sehr oft gelesen, dass man Aktien für einen Mindestwert von 1000€ oder 2000€ kaufen muss, damit die Gebühren nicht so stark ins Gewicht fallen. Das stimmt, aber wenn man Potenzial in einer Aktie sieht, kann man meiner Meinung nach auch für 250€ oder 500€ kaufen. Da ich eine Dividendenstrategie verfolge und die Aktien eine sehr lange Zeit halten möchte, amortisiert sich die Gebühr. Sprich: Ich erhalte jährlich Geld, welches die 4,95€ übertrifft.

Auf diesem Planeten gibt es viele Börsen, an denen man Aktien kaufen kann. Nicht alle Aktien sind an jeder Börse erhältlich. Ich kaufe in den meisten Fällen im außerbörslichen Handel (Tradegate). Hier muss ich die 4,95€ für den Kauf und Verkauf zahlen. Kaufe ich hingegen Aktien an der Frankfurter oder einer anderen Börse, sind es in der Regel über 10€. Das Gleiche gilt für den Verkauf.

Du kennst sicherlich Ebay. Ein Gebot für einen Artikel kann man mit einem Aktienkauf vergleichen. Für einen Artikel zu bieten, ist für dich bestimmt kein Problem. Nehmen wir an, du willst für einen Fußball ein Gebot abgeben. Du bietest maximal 15€ und überbietest das derzeitige Gebot von 12€. Bei Ebay wird nun das nächstmögliche Höchstgebot von 12,50€ angezeigt. Niemand weiß, dass du 15€ geboten hast. Deine Hoffnung besteht nun darin, dass bis zum Gebotsende niemand die 12,50€ (bzw. 15€) überbietet. Ist die Zeit abgelaufen, hast du eventuell Glück und der Fußball gehört dir.

Der Fußball ist mit einer Aktie vergleichbar. Im Gegensatz zum Gebot bei Ebay kannst du bei einer Aktie auch ein Gebot unterhalb des derzeitigen Aktienwertes abgeben. Ist die Aktie wie der Fußball zurzeit 12€ wert, kannst du beispielsweise 11€ bieten. Da Aktienkurse schwanken/volatil sind, steigt und sinkt der Kurs. Die Schwankungen des Wertes sind immer von Angebot und Nachfrage abhängig. Werden bei Ebay viele Fußbälle angeboten, sind die 15€ für einen Fußball eventuell zu viel, da vergleichbare Fußbälle für weniger Geld zu haben sind. Bietest du für die Aktie, die derzeit 12€ wert ist, 13€, bekommst du die Aktie zum Preis von 12€, es sei denn, der Wert ist in diesem Moment gestiegen oder gefallen. Möchte man eine Aktie sofort kaufen, sollte man immer ein wenig über dem aktuellen Kurs bieten.

Bei einem 11-€-Gebot musst du warten, bis die Aktie auf 11€ gefallen ist. Vielleicht hast du Pech und die Aktie fällt nicht, sondern steigt und steigt. Sie ist nun 18€ wert. Dann ärgerst du dich, dass du nicht ursprünglich 13€ geboten hast, sondern 11€. Fällt die Aktie und hat einen Wert von 9€, bist du froh, wenn du nur 11€ geboten hast.

Bei einer Dividendenstrategie ist der Wert einer Aktie sekundär. Wichtiger sind die jährlichen Dividendenzahlungen der Konzerne. Im Kapitel

„Was sind Dividenden?" habe ich beschrieben, wie man die Dividendenrendite berechnen kann. Hast du die Aktie für 13€ gekauft und der Konzern zahlt pro Aktie derzeit 0,50€, so hast du eine Dividendenrendite von 3,85%. Die 13€ sind nun der Bezugswert für die Dividendenrenditeberechnung. Hast du die Aktie eines zuverlässigen Dividendenkonzerns gekauft, wird dieser nächstes Jahr die Dividende erhöhen und du erhältst pro Aktie zum Beispiel 0,55€ Dividende. Da du die Aktie für 13€ gekauft hast, hast du eine Dividendenrendite von 4,23%.

Am 3. Februar 2014 habe ich einige Fielmann-Aktien (WKN 577220) für einen Preis von 82,616€ gekauft. Am 4. Juli 2014 hat mir Fielmann eine Dividende in Höhe von 2,90€ gezahlt. Der Kurs war am 4. Juli über 100€. Für die Dividendenrendite sind die 82,616€ relevant. Ich habe also eine Dividendenrendite von 3,51%. Da Fielmann die letzten Jahre zuverlässig war und - so meine Hoffnung - auch die nächsten Jahre zuverlässig bleibt, wird das Unternehmen nächstes Jahr eventuell 3€ oder 3,10€ zahlen. Wie hoch die Dividendenrendite dann ist, wirst du sicherlich selbst ausrechnen können. Fielmann zahlt nur einmal jährlich Dividende. Colgate Palmolive zahlt die Dividende vierteljährlich. Würde Fielmann vierteljährlich zahlen, so würdest du pro Aktie vierteljährlich 0,725€ erhalten (2,90€ Dividende geteilt durch vier). Amerikanische Konzerne zahlen in der Regel vierteljährlich. Europäer zahlen in der Regel jährlich. Obwohl man bei vierteljährlichen

Zahlungen nicht mehr erhält, sind vierteljährliche Zahlungen angenehmer, da man öfters Einzahlungen auf dem Konto hat.

Ein Gebot bezeichnet man beim Aktienkauf als „Limit". Möchtest du 15€ für den Fußball bieten, ist dein Limit 15, du musst aber gegebenenfalls nur 12,50€ zahlen. Ähnlich ist es beim Aktienkauf.

Das sind im Moment wahrscheinlich viele Informationen für dich. So kompliziert ist es aber nicht.
Wo man nach zuverlässigen Konzernen schauen kann, habe ich dir bereits im Kapitel „Wo suche ich nach Konzernen?" erklärt. Du benötigst für den Kauf die WKN oder ISIN.
Die WKN von Fielmann ist 577220 und die WKN von Colgate Palmolive ist 850667.
Möchtest du beispielsweise die Aktie von Fielmann kaufen, suchst du im Onlineportal deiner Bank nach 577220. Bist du nun auf der Gebotsseite (ähnlich wie bei Ebay), musst du drei Informationen angeben:

An welcher Börse/welchem Handelsplatz kaufe ich die Aktie?
Beispiel: Tradegate oder Frankfurter Börse
Was ist mein Limit?
Beispiel: 15€
Wie viele Aktien will ich kaufen?
Beispiel: 30

Mehr ist beim Aktienkauf nicht anzugeben!

Hast du die drei Informationen angegeben, kaufst du beispielsweise im außerbörslichen Handel (Tradegate) 30 Aktien. Pro Aktie zahlst du maximal 15€. Insgesamt sind es maximal 450€ für die Aktien + Kaufgebühr. In meinem Fall beträgt die Kaufgebühr 4,95€.

Eine Bank, bei der man Aktien kaufen kann, bezeichnet man als Broker.
Eine Aktie bezeichnet man als Wertpapier.

Du kannst nun die ersten Aktien in deiner Sammlung/in deinem Depot betrachten. Jetzt musst du „eigentlich" nichts mehr tun. Jetzt musst du nur auf die jährlichen Dividenden warten. Da du dich für zuverlässige Dividendenkonzerne entschieden hast, hast du nun ein zusätzliches, regelmäßiges Einkommen durch Dividenden.

Warum du jetzt „eigentlich" nichts mehr tun musst, werde ich im nächsten Kapitel „Steuerwahnsinn" erklären.

> *Beim Denken ans Vermögen leidet oft das Denkvermögen.*
> *Karl Farkas*

Steuerwahnsinn

Um eine Aktie zu kaufen, musst du nach der WKN oder ISIN suchen. Anschließend musst du das Limit, die Anzahl der Aktien und die Börse festlegen. So einfach ist der Kauf von Aktien.

Was allerdings nicht einfach ist, ist der Steuerwahnsinn. Das Gute ist, dass dir dein Broker viel Arbeit abnehmen kann. Ich bin bezüglich der Steuern mit der Consorsbank sehr zufrieden. Auch wenn die folgende Beschreibung kompliziert und einschläfernd sein mag, solltest du es mindestens einmal gelesen haben. Es geht schließlich um dein Geld!

An dieser Stelle möchte ich nochmals auf das Kapitel „Bitte lesen - Hinweise zum Inhalt des Buches" verweisen!

Ich möchte es zunächst einfach halten. In Deutschland hat ein Single einen Steuerfreibetrag in Höhe von 801€. Ein Ehepaar hat einen Steuerfreibetrag in Höhe von 1602€. Du kannst bei Bauspar- und anderen Verträgen einen Steuerfreibetrag hinterlegen. In der Summe darf der Steuerfreibetrag die 801€ oder 1602€ nicht überschreiten. Hast du als Single einen Bausparvertrag und dort 100€ hinterlegt, bleiben dir 701€ für weitere Verträge verfügbar.

Wenn du Kapitalgewinne erwirtschaftest, will der deutsche Staat von dir 25% des Gewinns. Sprich: Hast du einen Apfel von deinem Apfelbaum gepflückt, so musst du ein Viertel des Apfels an das Finanzamt abgeben. Solidaritätsbeitrag und gegebenenfalls Kirchensteuer müssen auch noch gezahlt werden. Der Solidaritätsbeitrag liegt bei 5,5% der Kapitalertragssteuer. Die Kirchensteuer kann bei 9% der Kapitalertragssteuer liegen.

Also:
Kapitalertragssteuer:
25%
+
Solidaritätsbeitrag:
1,375% (25% Kapitalertragssteuer / 100 * 5,5)
+
Kirchensteuer:
2,25% (25% Kapitalertragssteuer / 100 * 9)
=
28,625% Steuern

Sprich: Hast du Kapital erwirtschaftest, musst du zusätzlich zu der Kapitalertragssteuer einen Solidaritätsbeitrag und gegebenenfalls Kirchensteuer zahlen.

Da die EU (Europäische Union) auch noch mitverdienen möchte, ist eine Transaktionssteuer geplant. Sprich: Beim Kauf und Verkauf von Wertpapieren (unter anderem Aktien) musst du

Steuern zahlen. Das können beispielsweise 0,5% des eingesetzten Kapitals sein.
Google: http://google.de
Suchbegriffe: transaktionssteuer europa

Mir hat Fielmann am 04.07.14 pro Aktie 2,90€ Dividende gezahlt. Da der Staat mitverdienen will, muss ich nun 25% Kapitalertragssteuer zahlen.
25% von 2,90€ sind 0,725€.
Der Solidaritätsbeitrag ist von der Kapitalertragssteuer abhängig.
5,5% von 0,725€ sind 0,039875€.
Die Kirchensteuer ist ebenfalls von der Kapitalertragssteuer abhängig.
9% von 0,725€ sind 0,06525€.
In der Summe muss ich pro Aktie 0,830125€ Steuern zahlen,
0,725€ + 0,039875€ + 0,06525€ = 0,830125€.
Unter dem Strich bekomme ich von Fielmann wegen der Steuern 2,069875€ Dividende.
Wenn ich von Fielmann 2,90€ Dividende bekomme, habe ich bei einem Kaufpreis von 82,616€ pro Aktie eine Dividendenrendite von 3,51%.
*100 / 82,616€ * 2,90€ sind ca. 3,51%.*
Muss ich die Steuern zahlen und erhalte 2,069875€, habe ich eine Dividendenrendite von 2,51%.
*100 / 82,616€ * 2,069875€ sind ca. 2,51%.*

Das ist kompliziert, nicht wahr? Falls es dir zu kompliziert ist, ziehe von der Dividende 30% Steuern ab. Dann weißt du, was du ungefähr von der Dividende bekommst.
Also: 2,90€ / 100 * 30 = 0,87€ Steuern für das Finanzamt
Der Differenzbetrag/Rest gehört dir.
Also: 2,90€ - 0,87€ = 2,03€. Die landen auf deinem Konto.

Zu Beginn habe ich von einem Steuerfreibetrag gesprochen. In meinem Fall sind es 801€. Wenn ich nun von Fielmann 2,90€ Dividende bekomme, werden die 2,90€ von den 801€ abgezogen. Es verbleiben 798,1€ Steuerfreibetrag für das aktuelle Jahr. Ich muss keine Steuern zahlen. Den Steuerfreibetrag verrechnet dein Broker/deine Bank automatisch. Du musst bei deinem Broker einmalig deine Steuernummer, deinen Steuerfreibetrag und gegebenenfalls deine Konfession (Kirchenzugehörigkeit) hinterlegen. Dann hast du mit den komplizierten mathematischen Aufgaben nichts zu tun. Hast du die 801€ überschritten, werden die Steuern automatisch einbehalten. Am Ende des Jahres kannst du für deine Steuererklärung eine Steuerbescheinigung vom Broker anfordern.

Also, lange Rede, kurzer Sinn:
Hinterlege bei deinem Broker die Steuernummer, Steuerfreibetrag und gegebenenfalls Konfessionszugehörigkeit. Am Ende des Jahres

benötigst du eine Steuerbescheinigung für das Finanzamt.

Ca. 30% Steuern zahlen zu müssen, ist Wahnsinn. Was denkst du? Du vertraust Konzernen dein Geld an, was mit Risiken verbunden ist. Du kannst schließlich einen Totalverlust erleiden, wenn der Konzern insolvent ist. Bei einem Totalverlust bekommst du keine Minussteuern vom Staat. Erwirtschaftest du Gewinne, musst du ca. 30% Steuern zahlen. Das ist schon irre! Solidarisch ist das nicht! Warum investiere ich trotzdem in Dividendenaktien? Weil ich unter dem Strich eine bessere Rendite habe, obwohl ich Steuern zahlen muss. Welche Bank oder welcher Bausparvertrag erhöht jährlich prozentual die Ausschüttung? Hast du bei deiner Bank 1% oder bei deinem Bausparvertrag 3% Verzinsung, bekommst du Jahr für Jahr sicherlich nicht 0,1 Prozentpunkte mehr Ausschüttung. Unabhängig von der Ausschüttung kann auch der Wert deines Depots steigen. Stelle dir vor, du hältst 100 Fielmann-Aktien. Du erhältst 100 x 2,90€ Dividende = 290€. Das Ziel ist, Dividendenkonzerne im Depot zu halten, die die Ausschüttung jährlich erhöhen.

Ein Konzern muss keine Dividende zahlen. Die Zahlung ist freiwillig. Hat ein Konzern 10, 20, 50 und mehr Jahre Dividende gezahlt und stoppt die Zahlung plötzlich, wird die Aktie sehr wahrscheinlich von vielen Menschen verkauft. Der Mensch ist ein

Gewohnheitstier und möchte gern Bestehendes nicht ändern. Kannst du dich an die Fußballgebote bei Ebay erinnern? 15€ für einen Fußball. Stelle dir vor, alle Menschen wollen plötzlich einen Fußball verkaufen. Ob du für den Fußball noch 5€ bekommst? Es ist die Philosophie einiger Konzerne, die Dividende Jahr für Jahr zu erhöhen. Das bezeichne ich als konservativ.
Was ist konservativ?
Google: http://google.de
Suchbegriff: konservativ

Also: In Deutschland muss man ca. 30% Steuern auf Kapitalerträge zahlen. Kommt noch die Transaktionssteuer hinzu, werden es wahrscheinlich ca. 31% Steuern sein. Ja, das ist viel Geld!

War´s das?
Nein!
Hat man in ausländische Aktien investiert, muss man gegebenenfalls eine Quellensteuer zahlen.
Google: http://google.de
Suchbegriff: quellensteuer

Ich möchte zunächst bei einem Land beginnen, wo keine Quellensteuer gezahlt werden muss. An dieser Stelle ein großes Dankeschön Richtung Großbritannien. Die ISIN der Aktien aus Großbritannien beginnen mit GB. An den ersten Buchstaben der ISIN erkennt man das Länderkürzel. DE steht für Deutschland.

Stellen wir uns nun vor, Fielmann hat den Hauptsitz in Großbritannien. Du erhältst die 2,90€ und das deutsche Finanzamt berechnet dir gegebenenfalls ca. 30% Steuern.
Das ist auch hier wieder abhängig vom Steuerfreibetrag.
In Großbritannien gibt es einige sehr gute Dividendenzahler.

In den USA und einigen anderen Ländern muss man 15% Quellensteuer zahlen. Die ISIN von Aktien aus den USA beginnen mit US. (Beispiel: Colgate Palmolive – US1941621039)
Eigentlich liegt die US-Quellensteuer bei 30%. Ist man deutscher Staatsbürger und der Wohnsitz ist in Deutschland, so muss man nur 15% Quellensteuer zahlen. Die Consorsbank hat die Information bei mir automatisch hinterlegt, sodass ich nur 15% zahlen muss. Wer trotzdem 30% zahlt, sollte das Formular W-8BEN ausfüllen und an seinen Broker senden.
Bleiben wir bei dem Beispiel Fielmann.
Angenommen Fielmann hat den Hauptsitz in den USA. Wenn Fielmann uns nun 2,90€ Dividende pro Aktie zahlt, behält der amerikanische Fiskus (das Finanzamt) 15%. Das sind 0,435€. In Deutschland kommen also nur 2,465€ Dividende an. Es wurden also 15% Steuern bereits in den USA gezahlt und nun will das deutsche Finanzamt nochmals ca. 30% Steuern. Das macht in der Summe ca. 45% Steuern. Da Deutschland mit vielen Ländern ein Handelsabkommen hat, werden die 15% Quellensteuer mit den 25%

Kapitalertragssteuer in Deutschland verrechnet. Du musst daher an das deutsche Finanzamt nur 10% Kapitalertragssteuer zahlen.

Also:

15% Steuern bleiben in den USA.

10% Kapitalertragssteuer gehen an das deutsche Finanzamt.

In der Summe muss man weiterhin ca. 30% Steuern zahlen. Da es für viele USA-Konzerne zur Philosophie gehört, die Dividende jedes Jahr zu zahlen und gegebenenfalls zu erhöhen, ist die USA ein sehr attraktives Land. Außerdem wird von den meisten Konzernen die Dividende vierteljährlich gezahlt.

Hat eine Investition in Großbritannien gegenüber den USA einen Vorteil? Ja, bedingt! Hat Fielmann den Hauptsitz in Großbritannien, erhält man die vollen 2,90€, wenn der Steuerfreibetrag nicht ausgeschöpft wurde. Hat Fielmann den Hauptsitz in den USA, erhält man in Deutschland 2,465€, da man 15% Quellensteuer zahlen muss. Auch wenn in Deutschland nur 2,465€ auf dem Konto ankommen, werden trotzdem 2,90€ vom Steuerfreibetrag abgezogen. Hat man den Steuerfreibetrag ausgeschöpft, ist es egal, ob man in Großbritannien oder den USA investiert hat. Ich habe zurzeit ca. 70% meines eingesetzten Kapitals in den USA investiert, obwohl ich den Steuerfreibetrag noch nicht ausschöpfe. Die Renditen sind trotz 15% Quellensteuer immer noch super.

Bis zu 15% Quellensteuer können mit der deutschen Kapitalertragssteuer verrechnet werden.
Beispiele:
Ausland 0% Quellensteuer, 25% Steuern in Deutschland
Ausland 10% Quellensteuer, 15% Steuern in Deutschland
Ausland 15% Quellensteuer, 10% Steuern in Deutschland
Ausland 20% Quellensteuer, 10% Steuern in Deutschland

Hat man beispielsweise in Schweizer Konzernen investiert, muss man 35% Quellensteuer zahlen. Da nur maximal 15% Quellensteuer mit der deutschen Kapitalertragssteuer verrechnet werden, zahlt man 35% Quellensteuer in der Schweiz und 10% Steuern in Deutschland. Insgesamt zahlt man über 45% Steuern.
10% Steuern in Deutschland
15% anrechenbare Steuern
20% nicht anrechenbare Steuern
Die 20% nicht anrechenbare Steuern kann man sich aus den Schweiz über ein Formular wiederholen. Das Formular erhält man unter der Webadresse www.bzst.de. Vom deutschen Finanzamt muss der Wohnsitz in Deutschland bestätigt werden und anschließend kann man das Formular an das Schweizerische Finanzamt schicken. Da die Rückerstattung der Steuern mit Kosten verbunden ist, rentieren sich die 20%

Rückerstattung möglicherweise nicht. Hier muss man sich also gut informieren. Man freut sich zwar, wenn man die 20% Steuern bekommt, aber die Freude ist nur von kurzer Dauer, wenn man zum Beispiel 22% Gebühren zahlen muss.

Ich halte einen Schweizer Konzern. Rückerstattung macht bei mir zurzeit noch keinen Sinn. Dieser Konzern ist gewaltig und zahlt zuverlässig Dividende. Daher habe ich investiert. Ich habe in dem Kapitel „Welche Aktien kommen in Auswahl für einen Kauf?" von einem Senf gesprochen. Hast du dich informiert? Dann weißt du, in welchen Konzern ich trotz 35% Quellensteuer investiert habe.

Hat Fielmann den Hauptsitz in der Schweiz, müssen also 35% Steuern an die Schweiz gezahlt werden. Bei einer Dividende von 2,90€ kommen in Deutschland also nur 1,885€ Dividende an. Falls der Steuerfreibetrag ausgeschöpft wurde, will das deutsche Finanzamt nochmals 10% Steuern.

Fazit: Schöpft man seinen Steuerfreibetrag noch nicht aus, macht es durchaus Sinn, in Deutschland und Großbritannien zu investieren. Durch die guten Renditen in den USA und bei den zuverlässigen Konzernen macht eine Investition trotz 15% Quellensteuer Sinn. Außerdem werden bis zu 15% Quellensteuer mit den 25% Kapitalertragssteuer verrechnet.

Wenn du in den USA investiert hast, brauchst du dir bezüglich der Quellensteuer keine Gedanken zu machen. Dein Broker verrechnet es automatisch mit der Kapitalertragssteuer.

Hast du beispielsweise in der Schweiz investiert, musst du viel Arbeit und Zeit investieren, um die 20% von der Schweiz wiederzubekommen. Außerdem fallen Gebühren an, die die 20% überschreiten können.

Da ich in Dividendentitel investiere, ist die Dividendenrendite wichtig.

Wenn ich den Steuerfreibetrag noch nicht ausgeschöpft habe, verhält es sich wie folgt:
Ich habe die Fielmann-Aktie für einen Preis von 82,616 gekauft und am 04.07.14 eine Dividende in Höhe von 2,90€ pro Aktie erhalten.
Ist Fielmann in Großbritannien, erhalte ich ebenfalls 2,90€.
Ist Fielmann in den USA, erhalte ich 2,465€.
USA = 15% Quellensteuer
Ist Fielmann in der Schweiz, erhalte ich 1,885€
Schweiz = 35% Quellensteuer
In Deutschland und Großbritannien habe ich eine Dividendenrendite von 3,51%.
In den USA habe ich eine Dividendenrendite von 2,98%.
In der Schweiz habe ich eine Dividendenrendite von 2,28%.

Habe ich den Steuerfreibetrag ausgeschöpft, erhalte ich bei einer Investition in Deutschland, Großbritannien und USA ca. 70% der Dividende. Bei 2,90€ sind es ca. 2,03€. Das wäre eine Dividendenrendite von 2,46%.

in DE: 25% Steuern + Solidaritätsbeitrag + ggf. Kirchensteuer
in GB: 25% Steuern + Solidaritätsbeitrag + ggf. Kirchensteuer
in USA: 15% Quellensteuer + 10% Steuern + Solidaritätsbeitrag + ggf. Kirchensteuer
Der Solidaritätsbeitrag und die Kirchensteuer werden immer von der deutschen Kapitalertragssteuer berechnet. Langfristig gesehen haben US-Aktien gegenüber deutschen Aktien einen Vorteil, da die 15% Quellensteuer keine deutsche Steuer ist. Bezugswert für die Berechnung sind die 10%.

Bei einer Investition in der Schweiz erhalte ich ca. 55% der Dividende.
100% - 35% in der Schweiz - 10% in Deutschland = 55%
Bei einer Dividende von 2,90€ sind es ca. 1,595€. Das wäre eine Dividendenrendite von 1,93%.

Hast du dich in diesem Kapitel gelangweilt? Ist das zu kompliziert für dich? Die Berechnungen übernimmt deine Bank für dich. Du musst nur warten, bis die Konzerne die Dividende zahlen. Du erhältst die Dividende wie den jährlichen Zins auf dein Giro- oder Tagesgeldkonto. Was unternimmst du, um den Zins zu bekommen?

Nichts! Du wartest, bis die Bank dir den Zins zahlt. So ist es auch mit der Dividende. Abwarten und Däumchen drehen!
Bist du bequem, investiere in Länder, wo die Quellensteuer nicht über 15% liegt. Großbritannien und die USA sind gute Beispiele.

Wie hoch ist die Quellensteuer in den verschiedenen Ländern?
Google: http://google.de
Suchbegriffe: quellensteuer länderliste

War's das?
Nein!
Leider!
Ich habe von Großbritannien, der Schweiz und den USA gesprochen. In diesen Ländern ist der Euro nicht die Währung. Die Dividende wird in diesen Ländern nicht in Euro gezahlt. Mehr dazu im nächsten Thema: „Währungskurse".

> *Was klagt ihr über die vielen Steuern? Unsere Trägheit nimmt uns zweimal so viel ab, unsere Eitelkeit dreimal so viel und unsere Dummheit viermal so viel.*
> *Benjamin Franklin*

Währungskurse

Um es einfach zu halten, habe ich im letzten Kapitel nur vom Euro geschrieben. Wenn ich die Währung mit hinzugenommen hätte, wäre es noch komplizierter geworden. Daher werde ich hier gesondert auf die Währung eingehen.
Konzerne aus den USA zahlen nur in Dollar. Britische Konzerne zahlen nur in Pfund und Schweizer Konzerne zahlen nur in Schweizer Franken.

Da du für die Berechnung der Dividendenrendite den Währungskurs benötigst, habe ich hier für dich eine einfache Möglichkeit, um an den aktuellen Kurs zu kommen.
Google: http://google.de
Suchbegriffe für den Dollarkurs: euro dollar
Suchbegriffe für das Pfund Sterling: euro pfund sterling
Suchbegriffe für den Schweizer Franken: euro schweizer franken

Da Fielmann sehr wahrscheinlich immer ein deutsches Unternehmen sein wird, werde ich mich auf Colgate Palmolive beziehen (WKN 850667).
Wenn du Aktien von Colgate Palmolive kaufst, zahlst du in Euro. In deinem Depot/Konto wird der Wert ebenfalls in Euro angezeigt. Verkaufst du die Aktie, wird sie in Euro verkauft. Hier ist die Währung irrelevant.

Für die Berechnung der Dividendenrendite jedoch ist der Währungskurs relevant. Am 6. Juli 2014 ist 1 Euro (EUR) 1,35944 US-Dollar (USD) wert.
Du hast die Colgate-Palmolive-Aktie für einen Preis von 50 EUR gekauft. Im Jahre 2014 schüttet Colgate Palmolive eine Dividende in Höhe von 1,33 USD aus.
In diesem Fall kann man nicht 100/50 EUR x 1,33 USD rechnen.
Man muss zuvor die USD in EUR umwandeln. Dazu teilt man die 1,33 USD durch den aktuellen Währungskurs 1,35944 USD. Das Ergebnis ist 0,978 EUR. Da du die Aktie für 50 EUR gekauft hast, hast du eine Dividendenrendite von 1,956%.
100 / 50 EUR x 0,978 EUR = 1,956 Dividendenrendite

Da die Währungskurse steigen und fallen, kannst du einmal eine bessere Rendite und ein andermal eine schlechtere Rendite haben.
Google: http://google.de
Suchbegriff: wechselkurseffekt
Da ich überwiegend in den USA investiert bin, ist für mich ein starker USD besser.

Hast du die Dividende in EUR umgerechnet, kannst du wieder, wie im Kapitel Steuerwahnsinn die Steuern berechnen.

ACHTUNG: Ich empfehle dir jetzt eine Pause. Gehe spazieren, trinke einen Kaffee oder entspanne dich anderweitig. Viel Mathematik kann sehr ermüdend sein. Ich empfinde die Informationen als wichtig. Daher sollte man wach und konzentriert sein. Es geht schließlich um dein Geld.

> *Eigentlich ist es gut, dass die Menschen der Nation unser Banken- und Geldsystem nicht verstehen. Würden sie es nämlich, so hätten wir eine Revolution noch vor morgen früh.*
> Henry Ford

Finanzkrisen

Ich kann nicht in die Zukunft schauen, deshalb sind die Zahlen für 2015 fiktiv.

In Finanzkrisen ist Geduld und Disziplin gefragt. Da ich eine Dividendenstrategie verfolge und in zuverlässige Dividendenkonzerne investiere, können Finanzkrisen durchaus einen positiven Nebeneffekt haben. Wann die nächste Finanzkrise sein wird, kann ich dir nicht sagen. Wer kann schon in die Zukunft schauen?
Colgate Palmolive erhöht seit über 50 Jahren die Dividende und hat viele Finanzkrisen überstanden. 2008 war die letzte Finanzkrise.
Google: http://google.de
Suchbegriffe: 2008 finanzkrise
Schaut man sich den Chart von Colgate Palmolive bei Google an, sieht man, wie die Aktie in 2008 fällt.
Google Finanzen: http://google.com/finance
Suchbegriffe: colgate palmolive
Trotzdem wurde in 2008 und den darauffolgenden Jahren die Dividende erhöht. Wenn man in solide Konzerne investiert, die immer wieder Finanzkrisen überstanden haben, ist es nicht unwahrscheinlich, dass sie auch die nächste Finanzkrise überstehen werden.
Hast du beispielsweise in 2014 zehn Colgate-Palmolive-Aktien zu je 50€ gekauft und durch die Finanzkrise 2015 fällt die Aktie auf 30€, so solltest du nicht verkaufen, sondern musst

warten, auch wenn es nicht leichtfällt. Stell dir nur vor, du hast nicht zehn, sondern 100 oder gar 1000 Aktien gekauft. Wenn du den Wert deines Depots schrumpfen siehst, ist das kein schönes Gefühl.

10 x 50€ = 500€ vor der Finanzkrise
10 x 30€ = 300€ während der Finanzkrise

Im Kapitel Währungskurse habe ich beschrieben, wie man für Colgate Palmolive die Dividendenrendite berechnen kann. In Finanzkrisen muss man Konzerne wie Colgate Palmolive als Sommerschlussverkauf betrachten. Ist die Aktie in 2015 von 50€ auf 30€ gefallen und in 2015 wird die Dividende von 1,33 USD auf 1,38 USD erhöht, so kannst du durch den für dich günstigen Kurs zum gleichen Preis mehr Aktien als vor der Finanzkrise kaufen. Unabhängig davon hast du eine bessere Dividendenrendite. In 2015 kannst du 16 Aktien zu je 30€ kaufen. Das ist ein Gesamtwert von 480€. In 2014 waren es für 500€ nur 10 Aktien.

In 2015 liegt der Dollarkurs bei 1,36124. Die Dividendenrendite berechnet sich dann wie folgt:

100 / 30€ x (1,38 USD / 1,36124 USD)
=
100 / 30€ x 1,0137€
=
3,379% Dividendenrendite

Zieht man von der Dividendenrendite ca. 30% Steuern ab, erhält man 2,3653% Dividendenrendite nach Steuern.

3,379% / 100 x 70 = 2,3653%

Wie gesagt, ich kann nicht in die Zukunft schauen. Ich bin in diesem Beispiel davon ausgegangen, dass Colgate Palmolive die Dividende in 2015 auf 1,38 USD erhöhen wird und in 2015 die nächste Finanzkrise ist.

Konzerne wie Colgate Palmolive mit einer Marktkapitalisierung von ca. 45 Milliarden€ haben viele Finanzexperten in den eigenen Reihen, die wissen, wie man Finanzkrisen übersteht. Zum Vergleich: Fielmann hat nur eine Marktkapitalisierung von ca. 4 Milliarden€. Fielmann ist wahrscheinlich in einer Finanzkrise anfälliger als Colgate Palmolive, da Fielmann weniger Kapital, weniger Erfahrung hat und nicht so lange wie Colgate Palmolive an der Börse ist. Colgate Palmolive hat über 100 Jahre Börsenerfahrung. 2008 hat Fielmann mit Bravour die Finanzkrise überstanden. Mein Vertrauen haben beide Konzerne.

Finanzmärkte stützen sich auf Vertrauen, und dieses Vertrauen ist erschüttert.
Joseph Stiglitz

Mentale Stärke

Im letzten Kapitel habe ich von einer Finanzkrise geschrieben. Ich muss gestehen, ich habe noch keine Finanzkrise am eigenen Leib erfahren. Wenn die Aktien, die man hält, um 40% fallen, ist es kein schönes Gefühl. Stell dir vor, dein Kontostand schrumpft um 40%, ohne Vorwarnung. Das ist kein schönes Gefühl! Es kann durchaus weiter schrumpfen. Gerade deshalb ist es wichtig, in Konzerne zu investieren, die wissen, wie man Finanzkrisen übersteht. Das unschöne Gefühl des momentanen Verlusts wird durch das Vertrauen in die Konzerne reduziert. Man kann es nicht schönreden. Es tut in der Seele weh! Aber wenn du in Dividendenkonzerne investierst, werden trotz 40% oder mehr Wertverlust der Aktien die Dividenden zuverlässig gezahlt und gegebenenfalls erhöht.

Unabhängig von den Finanzkrisen sollte man auf dem Giro- oder Tagesgeldkonto liquide Mittel zur Verfügung haben.
Eventuell hat dein Auto unerwartet einen Schaden. Der Stoßdämpfer ist defekt und muss durch einen neuen ersetzt werden.
Du hast einen Wasserschaden in deiner Wohnung festgestellt. Kannst du die Kosten stemmen?

Auf das Geld, welches man investiert, sollte man im Alltag verzichten können. Liquide Mittel sind

unbedingt erforderlich. Wenn du in der Finanzkrise auf das investierte Geld angewiesen bist und verkaufen musst, machst du gegebenenfalls große Verluste. Du musst langfristig investieren. Auch wenn die Dividendenzahlungen zu Beginn nicht viel sind, wirst du langfristig profitieren.
Setze dir ein Ziel: Die Dividenden sollen zum Beispiel zukünftig die Autoversicherung zahlen oder die jährliche Inspektion soll davon bezahlt werden.

Schnelles Geld kannst du nur durch Zocken erlangen. Wenn du dich verzockst, bist du dein Geld schneller los, als du denken kannst. Das kann dich mental ruinieren. Du wirst fluchen und vom Teufelswerk Börse sprechen. So wie es fast alle tun. Deshalb ist das Vertrauen in solide Konzerne wichtig.

Das Sprichwort „Erst denken, dann reden" kann man auch auf die Börse beziehen:
„Erst denken, dann investieren"
Denkst du nicht, hast du gezockt!

Wichtig: Vertraue Menschen und Konzernen, die über viele Jahre erfolgreich sind. Es bringt nichts, wenn du Menschen vertraust, die dir erzählen, wie schlecht doch die Börse ist. Wahrscheinlich sind sie einfach nur unwissend und falsch informiert. Also: Orientiere dich an Erfolgreichen!

Bevor ich mit dem Investieren an der Börse angefangen habe, habe ich mir nicht nur einmal überlegt, wie man erfolgreich investieren kann. Die beiden Bücher von Amazon haben mir sehr dabei geholfen.

Buchtitel: Finanzberatung? Nein Danke! Ohne Beratung erfolgreich investieren (Finanzen 1)
Verlag: Dr. Olaf Borkner-Delcarlo; Auflage: 2. verbesserte Auflage (17. Dezember 2013)
Autor: Dr. Olaf Borkner-Delcarlo
ASIN: B00EDN90Y2

Buchtitel: Schnelligkeit durch Vertrauen: Die unterschätzte ökonomische Macht
Verlag: GABAL Verlag (15. März 2010)
Autor: Stephen M. R. Covey, Rebecca R. Merrill
Übersetzer: Ingrid Proß-Gill
ASIN: B00I0UGSMQ

Nochmals: Du benötigst unabhängig von der Investition liquide Mittel! Wenn du in Zeiten eines Börsencrashs verkaufen musst, verlierst du viel Geld!

Vertrauen in die Konzerne ist sehr wichtig. In dem Buch „Schnelligkeit durch Vertrauen: Die unterschätzte ökonomische Macht" findest du eine interessante Textpassage über Johnson & Johnson (WKN 853260). Ich werde diese nicht zitieren. Wie gesagt: Ich empfehle dir, beide

Bücher zu lesen. Dann wirst du auch wissen, was über Johnson & Johnson geschrieben wird.

Ja, es nervt vielleicht, wenn ich immer wieder auf beide Bücher hinweise. Wer schnelles Geld verdienen will, soll mit Wetten zocken. Die meisten Menschen jedoch verlieren beim Zocken sehr viel Geld. Was denkst du? Warum sind viele Wettanbieter Sponsoren von diversen Sportvereinen? Von wem haben sie dieses Geld? Zocken mag zwar hin und wieder Spaß machen, aber für den täglichen Unterhalt ist es schlichtweg Unsinn und unzuverlässig.

Selbstdisziplin ist sehr wichtig!
Versuche Parallelen zu Ereignissen in deinem Leben zu finden.
Beim Tischtennis spiele ich hin und wieder gegen Spieler, gegen die ein Spiel sehr unbequem ist. Ich liebe es, offensiv zu spielen. Manchmal ist die Offensive aber der falsche Weg. Wenn ein Gegner gut blocken kann, sollte man eher weniger offensiv, sondern mit Geduld spielen und auf die Fehler des Gegners warten. Das macht mir zwar weniger Spaß, aber letztendlich ist der Sieg das Ziel. Es kommt natürlich auch vor, dass man anerkennen muss, dass der Gegner stärker ist. Dann kann ich ihm nur zum Sieg gratulieren.
Hast du schon mal Poker gespielt? Ein tolles Gesellschaftsspiel! Für mich ist Poker 70% Können und 30% Glück. Um weit zu kommen, benötigst du Geduld und Disziplin. Hast du in

einer Runde viele Chips verspielt, versuche sie nicht mit Gewalt zurückzugewinnen. Das geht in der Regel nach hinten los. Geduld und Disziplin sind wichtig!

Bei einem Spiel wie Tischtennis, bei Poker oder anderen Spielen gibt es immer Verlierer und Gewinner. Man lernt bei einem Spiel jedoch Geduld und Disziplin kennen. Bei soliden Konzernen verliert man in der Regel nur dann, wenn man in Finanzkrisen verkauft. Hältst du die Aktien und bist geduldig und diszipliniert, wirst du die Finanzkrise ohne Schaden überstehen. Wie gesagt: Bei soliden Konzernen steigt der Kurs tendenziell. Die Finanzkrisen kann man als Sommerschlussverkauf betrachten. Du kannst mehr Aktien mit einer besseren Dividendenrendite nachkaufen.

In Zeiten, wo du mental angeschlagen bist, macht es eventuell auch Sinn, Musik deines Lieblingsinterpreten/deines Lieblingsgenre zu hören. Mir hilft die Musik jedenfalls weiter, wenn ich wieder Kräfte sammeln muss. Ich kann mich dabei gut entspannen.

Suche eine Möglichkeit, dich in schwierigen Zeiten zu entspannen!

Manche Unverständige lernen Lehrsätze auswendig, erforschen aber nicht weise den Sinn. Ihnen gewähren die Lehrsätze keine Einsicht. Sie lernen sie nur, um reden und Meinungen äußern zu können, aber den Zweck, zu dem man Lehren lernt, begreifen sie nicht.
Mit Buddha das Leben meistern: Buddhismus für Praktiker (German Edition) by Volker Zotz

Der Einfluss der Politik und der Medien

Wichtig ist, dass du deinen Investments vertraust. Du bist Inhaber von Konzernen, die solide wirtschaften.

In der Politik und in den Medien wird viel Hoffnung und Angst verbreitet. Läuft es gut, freut man sich. Läuft es schlecht, hat man Angst. Beides ist ein Problem. Propagierte Hoffnung und Angst können dich in den Ruin treiben. Es kann dich paralysieren! Habe keine Hoffnung. Habe keine Angst. Habe Vertrauen in das, was du machst! Hoffnung und Angst gibt es bei Spielen wie Tischtennis, Poker und Wetten. Ein Spiel hat immer Gegenspieler. Vertraue deinen Investments!

Wichtig ist, dass du dich richtig informierst, wem du vertrauen kannst. Du solltest dann die Politik und die Medien ignorieren. Wenn „Finanzkrise! Die Börse bricht in sich zusammen!" oder andere Dinge geschrieben werden, solltest du ruhig und sachlich bleiben. Du hast dir vertrauenswürdige Konzerne ausgesucht. Ignoriere dein Umfeld. Wichtig ist, dass deine Konzerne wissen, wie man Finanzkrisen übersteht.

Ich habe bisher von Fielmann, Colgate Palmolive und anderen Konzernen geschrieben. Ob man diesen Unternehmen vertrauen kann, ist deine Entscheidung. Mache dir ein Bild davon. Besuche

die Firmen-Websites. Du findest bei jeder Aktiengesellschaft (AG) auf der Website den Punkt Investor Relations (IR).
Beispiel
Google: http://google.de
Suchbegriffe: investor relations fielmann
Suchbegriffe: investor relations colgate palmolive
Dort kannst du wichtige Umsatzzahlen nachschauen und unter anderem sehen, wann Dividenden gezahlt werden bzw. wann Dividenden gezahlt wurden. Das sind die wichtigen Werte und nicht die Meinungen der Politik und der Medien.

Reden können viele! Taten folgen meist nicht! Es wird zwar von nicht gekürzten Renten gesprochen, aber vom tendenziell sinkenden Rentenniveau spricht niemand. Wem vertraust du wohl eher? Einer Politik, die tendenziell das Rentenniveau senkt, Steuergelder verschwendet, oder Konzernen, deren Kurs tendenziell steigt, die regelmäßig Geld ausschütten und die Ausschüttung Jahr für Jahr erhöhen?

Hast du den Wutausbruch von Per Mertesacker (deutsche Nationalmannschaft) bei der WM 2014 gesehen?
Google: http://google.de
Suchbegriffe: per mertesacker wm 2014 wut
Ich kann ihn zu 100% verstehen. Man spielt eben nur so stark, wie es der Gegner zulässt. Bei dieser WM fand ich kein Spiel der deutschen

Nationalmannschaft schlecht! Sie haben zu jeder Zeit Leidenschaft gezeigt. Nur weil ein Spiel nicht schön anzuschauen ist, bedeutet dies nicht, dass sie nicht wollen. Mir persönlich hat jedes Spiel gut gefallen. Die <u>Einstellung der Spieler</u> war immer super!

Fazit: Lasse dich nicht von der Politik und den Medien anstecken. Emotion ist bei Fußballspielen und anderen Events eine schöne Sache, aber Emotionen darfst du nicht bei deinen Investitionen überschwappen lassen. Denke immer daran. Du investierst in die Konzerne, weil du ihnen vertraust, und nicht, weil die Politik und die Medien dir mitteilen, dass jetzt ein guter Zeitpunkt zum Kauf oder Verkauf ist.

Ja, das ist leichter gesagt als getan! Geduld und Disziplin sind gefragt!

Wie du sicherlich festgestellt hast, halte ich Fielmann als Aktie. Ich habe diese zu einem Preis von ca. 82€ pro Aktie gekauft. Diese ist danach auf ca. 108€ gestiegen. Mittlerweile ist sie wieder auf ca. 99€ gefallen. Wenn man Analystenmeinungen liest, heißt es in der einen Woche noch: „Kaufen." In der zweiten Woche erhält man die Meldung: „Verkaufen." In der dritten Woche: „Halten." In der vierten Woche: „Kaufen." Was soll ich nur tun? Was ich weiß, ist, dass Fielmann die letzten zehn Jahre die

Dividende nicht gesenkt, sondern stetig erhöht hat. Das gibt mir Vertrauen und Sicherheit.

Denke daran, für jeden Kauf oder Verkauf musst du Gebühren und bei Gewinnen gegebenenfalls Steuern zahlen. Das kann teuer werden! Daher ist es sinnvoll die zuverlässigen Konzerne zu halten, auch wenn es eine Schwächephase gibt. Außerdem: In Schwächephasen erhältst du in der Regel mehr Aktien und eine bessere Dividendenrendite.

> *Es kommt darauf an, zu wissen, daß man glaubt, statt zu glauben, daß man weiß!*
> *Mit Buddha das Leben meistern: Buddhismus für Praktiker (German Edition)*
> *by Volker Zotz*

*** ACHTUNG ***

Wo Geld im Spiel ist, gibt es auch viel Kriminalität!

Kennst du Kaffeefahrten, bei denen überwiegend ältere Menschen abgezockt werden? Warum werden Sie abgezockt? Weil sie unwissend sind. Als dumm möchte ich sie nicht bezeichnen. Die Organisatoren setzen die Menschen stark unter Druck. „Wenn ihr heute noch kauft, dann bekommt ihr nicht ein, nicht zwei, sondern drei Wundermedikamente zum Preis von einem! Ist das nicht wunderbar!?" Das Publikum: „Ja!!!!" Das ist nicht wunderbar, sondern asozial!

Siehst du in den Nachrichten hin und wieder, wie von Vergewaltigern bzw. vergewaltigten Kindern berichtet wird? Die Übeltäter locken Kinder mit Spielzeug, Süßigkeiten oder Ähnlichem an. Wie bei der Kaffeefahrt wird Vertrauen aufgebaut, Vertrauen, welches später missbraucht wird. Scheußlich!

Was hat das nun mit Aktien zu tun?
Wenn du dich über Aktien informierst, wirst du hin und wieder auf Internetseiten landen, wo dir ein Gewinn von 300%, 500%, 700% und mehr versprochen wird. Ich habe mich, als ich mich mit dem Thema Börse beschäftigt habe, bei einigen Newslettern angemeldet. Seitdem bekomme ich regelmäßig E-Mails mit gigantischen

Versprechungen. 500% Gewinn? Bei einer Investition von 10.000€ habe ich am Ende also eine gewaltige Summe. Interessehalber bin ich dem Link in der E-Mail gefolgt und bin auf einer Seite gelandet, wo ich meinen Namen, meine Anschrift und meine Kontoinformationen hinterlassen kann. Weiter oben wird geschrieben, dass man nach der Registrierung wichtige Informationen zum Investieren erhält. Die Informationen sind natürlich kostenlos! Super! Warum dann die Kontodaten? Schaut man genauer hin, sind die Informationen für den Zeitraum X kostenlos. In dem Zeitraum X hat man dann ca. 200€, 500€, 1.000€ oder mehr an Geld gespart bzw. nicht ausgegeben. Was ist nach dem Zeitraum X? Ich weiß es nicht, denn ich habe mich nicht registriert! Was allerdings nicht unwahrscheinlich ist, ist, dass Menschen, die leicht zu beeinflussen sind, sich dort registrieren und dann abgezockt werden. Ob sie das Geld jemals wiedersehen werden?

Ich denke, die Intention ist bei dir angekommen. Lass dich nicht mit irgendwelchen Angeboten locken bzw. lass dich nicht abzocken! Vertraue dir! Informiere dich richtig! Nur so wirst du profitieren!

Wenn man aufrichtig nach der Wahrheit sucht, muss man sich über moralische Bedenken hinwegsetzen; wir können ja nicht im Vorhinein wissen, ob sich die Wahrheit als etwas erweisen wird, was die betreffende Gesellschaft für erbaulich hält.
Bertrand Russell

Wie viele Aktien sollten im Depot sein?

Da ein Konzern prinzipiell auch Insolvenz anmelden kann, sollte man ca. 15 bis 20 verschiedene Konzerne im Depot halten. Ein Verlust kann somit kompensiert werden. Das ist vergleichbar mit der Aktienplantage. Schmeckt der Apfel nicht (mehr), ist man froh, wenn man Birnen, Zitrusfrüchte und andere Pflanzenarten angebaut hat. Bei Konzernen mit einer sehr hohen Marktkapitalisierung (viele Milliarden) ist es eher unwahrscheinlich, dass die Ware nicht schmeckt. Geld ist genug vorhanden, um sich den Bedürfnissen der Menschen anzupassen.

Die Konzerne, in die du investierst hast, solltest du regelmäßig beobachten. Nachrichten findest du beispielsweise bei finanzen.net und anderen Websites. Mein Ziel sind langfristig ca. 30 Konzerne. Mir macht es Spaß, die Entwicklung der Konzerne zu beobachten. Wenn du weniger Arbeit investieren möchtest, solltest du in 15 bis 20 Konzerne investieren.

> *Der einzige Investor, der nicht diversifizieren sollte, ist derjenige der immer 100% richtig liegt!*
> John Marks Templeton

Demut

Ich lese zurzeit das Buch „BLACKOUT – Morgen ist es zu spät". Der Autor schildert, wie in Europa der Strom ausfällt und was die Konsequenzen sind. Ich kann dieses Buch nur weiterempfehlen.
Buchtitel: BLACKOUT – Morgen ist es zu spät
Verlag: Blanvalet Verlag (19. März 2012)
Autor: Marc Elsberg
ASIN: B007FOKFEU
Dieses Buch hat (eigentlich) nichts mit der Börse zu tun, aber es zeigt auf, wie gut es uns in den Wirtschaftsländern geht. Er verpackt die Informationen in einer Geschichte, sodass keine Langeweile entsteht und Spannung aufgebaut wird.

Warum erwähne ich dieses Buch?

Sei ehrlich zu dir selbst!
Der Großteil der Menschen in den Wirtschaftsländern hat ein Dach über dem Kopf, beheizte Räume, fließend Wasser und Nahrung. Wenn du das Buch „BLACKOUT – Morgen ist es zu spät" gelesen hast oder liest, wirst du wissen, was ich meine!

Hast du im Kapitel „Ereignisse in der menschlichen Gesellschaft" nach den genannten Suchbegriffen gegoogelt? Hast du dir die Bilder angeschaut?

Wer wird durch die Sanktionen in Russland bestraft? Die Spitzenpolitiker/Spitzenmanager sicherlich nicht. Sie haben weiterhin ein Dach über dem Kopf, die eigenen vier Wände sind geheizt, das Wasser fließt und für Speis und Trank ist ausreichend gesorgt. Dass Unternehmen darunter leiden, weil sie länderübergreifend kooperieren und dadurch eventuell Jobs von Otto Normalverbrauchern wie du und mir streichen müssen, interessiert diejenigen an den langen Hebeln doch gar nicht.

Was ist daran so schwierig, sich die Hand zu geben und einen Schlussstrich zu ziehen?

Es ist doch „Jacke wie Hose", ob die Ukraine zum Westen oder zum Osten gehört. Das Entscheidende ist doch, dass der Mensch glücklich ist und in einer harmonischen Familie leben kann und sich nicht täglich über die unsinnigen Probleme Gedanken machen muss. Ein Dach über dem Kopf, beheizte Räume, fließend Wasser und Nahrung zu haben. Das ist wichtig! Solche Sandkastenspielereien auf politischer Ebene kann auf diesem Planeten niemand gebrauchen.

Deutschland wird von den USA ausspioniert. Ob nur die USA spionieren? Die einzig schlimme Spionage ist Wirtschaftsspionage. Dass wir Otto Normalverbraucher nicht alles wissen dürfen, finde ich gut, da es unserer Sicherheit dient.

Kennst du, kenne ich die Gefahren, sind Terroristen ebenfalls gewarnt. Es ist wichtig, dass wir überwacht werden. Ich will in einer sicheren Gesellschaft leben und nicht an einem Ort sein, wo eine Bombe hochgeht. Die Überwachung dient nun mal unserem Schutz. Die großen Nationen wie die USA, China und die EU einschließlich Russland müssen kooperieren und sich gegenseitig helfen. In der Wissenschaft und Wirtschaft funktioniert es schließlich auch!

Ich verstehe es nicht! Du verstehst es wahrscheinlich auch nicht!

Wie du aber sicherlich feststellen kannst, sind das Probleme, die wir nicht wirklich ändern können. Es gibt leider auf diesem Planeten Unmenschen, die Menschen aufeinanderhetzen. Jeder von den Terroristen/Kriegern sollte sich die Frage stellen, ob es nicht angenehmer ist, wenn man am Abend gemütlich mit seiner Familie am Tisch sitzt und gemeinsam isst. Ist es nicht angenehmer, wenn man Spaß miteinander hat, anstatt sich über andere aufzuregen und diese gegebenenfalls zu unterdrücken oder zu ermorden? Respekt und Toleranz sind wichtig. Bildung ist die Lösung!
Worin besteht das Problem, wenn Menschen sich lieben, die das gleiche Geschlecht haben?
Worin besteht das Problem, wenn Menschen sich lieben und jeweils einer anderen Konfession sind?
Worin besteht das Problem, wenn Menschen einer anderen Nationalität angehörig sind?

Wenn sie niemanden physisch oder psychisch verletzen, ist doch alles im grünen Bereich.
Wir leben in einer multikulturellen Gesellschaft.
Ich finde es super!
Dagegen zu propagieren ist meines Erachtens nicht zeitgemäß, sondern asozial!

Ist es nicht wichtiger, sich darüber Gedanken zu machen, wie man Menschen und Tieren helfen kann, die wirkliche Probleme haben?
Welche Menschen werden unterdrückt?
Welche Tiere werden qualvoll gezogen?
Welche Menschen und welche Tiere werden gejagt?
Was ist mit den Kindern, die im Krieg aufwachsen? Stell dir das mit deinen Kindern vor!
Man muss dazu nur in die Ukraine, in den Irak oder nach Nigeria schauen.
Wer muss hungern?

Das sind wirkliche Probleme! Das sind Probleme, denen Nationen wie die USA, China, die EU einschließlich Russland und andere Länder gegenwirken müssen. Das Problem fängt häufig im eigenen Land an!

Kindergarten! Anders kann man das nicht bezeichnen! Wobei? Nein, unmenschlich! Mit Kindergarten würde ich den Kindern zu nahe treten! Kinder verhalten sich im Gegensatz zu den Unmenschen erwachsen!

Du und ich, wir können nur das Beste aus unserem Leben machen. An den chaotischen Entscheidungen können wir nichts ändern. Sorge dafür, dass deine Kinder glücklich sind. Geht es dir und deinen Kindern gut, dann hilf Menschen und Tieren, die wirklich Hilfe benötigen!

Warum habe ich dieses Kapitel Demut genannt?
Es gibt Aktionen in dieser Gesellschaft/auf diesem Planeten, die wir nicht beeinflussen können. Das betrifft auch persönliche Ziele. Handle seriös. Du kannst dein Glück in einem Wirtschaftsland erzwingen und seriös dein Geld investieren. Sieh die Aktienplantage/die zuverlässigen Konzerne als Familien-Generationenvertrag. Du, deine Kinder und deren Kinder usw. können davon profitieren. Passt dir bzw. deinen Kindern ein Konzern nicht mehr in das Konzept, kannst du/können deine Kinder jederzeit verkaufen, ohne komplizierte Formulare auszufüllen, und eine Alternative suchen. Diese Entscheidungen kannst du beeinflussen. Du kannst kurzen Prozess machen.

Das einzige Problem wäre, wenn alle diesen Weg gehen und Regierungen die Kapitalertragssteuer erhöhen würden. So wird es möglicherweise kommen. Eventuell macht es dann Sinn, in ein Land zu ziehen, welches weniger Steuern verlangt. Weshalb sind wohl viele Topverdiener (bspw. im Sport) im Ausland? Man muss das Land attraktiver machen. Dann werden meiner

Meinung nach mehr Menschen bleiben und Steuern zahlen. Die kleinen Otto Normalverbraucher wie du und ich müssen sehen, wie sie die täglichen Kosten und die Kosten der anderen zahlen können. Gegenanzukämpfen macht wenig Sinn. Beteilige dich an mächtigen Konzernen und profitiere von deren Erfahrung. Eine bessere Alternative gibt es meines Erachtens nicht.

Die Entscheidung liegt bei dir! Jammern oder handeln? Das ist die entscheidende Frage!

Investiere gut überlegt! Halte liquide Mittel bereit, damit du unvorhersehbare Kosten decken kannst. Handle seriös, geduldig und diszipliniert!

Zeige Demut! Lass dich nicht emotional beeinflussen! Die Demut würde auch den Menschen gut zu Gesicht stehen, die an den längeren Hebeln sitzen!

> *Der Schwache kann nicht verzeihen. Verzeihen ist eine Eigenschaft des Starken.*
> *Mahatma Gandhi*

Informationen sammeln

Auf einigen Seiten dieses Buches habe ich zu bestimmten Themen Google-Suchbegriffe hinterlegt. Diese konntest du/kannst du bei Google eingeben. Ich persönlich betrachte es als sehr wichtig, zu wissen, wie man sich richtig informieren kann. Wenn du dein Geld investierst, brauchst du qualitativ hochwertige Informationen. Du musst wissen, wie man zwischen guten und schlechten Informationen unterscheidet. Ich habe in diesem Buch versucht, möglichst viele Informationen an dich weiterzugeben. Informationen, die dir weiterhelfen! Ich habe sicherlich von Dingen geschrieben, die dir egal sind.

Wenn du denkst, es geht dir nicht gut, dann denkst du falsch. Du wirst wahrscheinlich nicht verfolgt. Dich will wahrscheinlich niemand umbringen. Etwas Schlimmeres kann ich mir nicht vorstellen. Auch wenn du durch solche Investitionen nicht von heute auf morgen Millionär wirst, hast du eine finanzielle Unterstützung, die dir im Leben weiterhelfen kann. Hast du bereits ein Kind in die Welt gesetzt? Das Kind wächst und wächst. Es benötigt regelmäßig neue Schuhe. Die Klassenfahrt muss bezahlt werden. Ich habe neulich in einem Gespräch erfahren, dass eine Klassenfahrt ca. 700€ gekostet hat. Stell dir nur vor, du hast drei Kinder? Einige Eltern sollen gesagt haben: „Das ist mir mein Kind wert!" Krass! Mehr fällt mir

dazu nicht ein. Gibst du die ca. 700€ nicht aus, kannst du beispielsweise deinem Kind neue Schuhe, eine neue Jacke oder andere Dinge kaufen, wovon es länger profitiert als von einer Woche „Klassenfahrt". Wovon profitiert dein Kind mehr?
Als ich mit meiner Ausbildung anfing, lag der Preis für Super bei ca. 1,30€. Jetzt liegt der Preis bei ca. 1,60€. Sprich: ca. 30 Cent Differenz pro Liter. Wo soll das noch hinführen? Warum wirkt die Politik nicht dagegen? Der Staat hat durch den höheren Preis schließlich mehr Steuereinnahmen. Warum werden bei einem Preisanstieg die Steuern nicht gesenkt, um den Verbraucher zu entlasten?
Du, ich und die anderen Otto Normalverbraucher sind doch der Staat oder nicht? Oder sind wir nur Sklaven, die die Kassen füllen sollen? Wir müssen schließlich auch zusehen, wie wir über die Runden kommen!

Was spricht dagegen, die Kapitalertragssteuer zu senken? Hat der Bürger mehr Geld durch Investitionen verdient, steigt die Kaufkraft. Der Bürger unterstützt die regionalen Geschäfte und Personal kann eingestellt werden. Der Berufstätige profitiert nun auch endlich mal und muss sich nicht mehr darüber ärgern, dass andere Menschen NICHT arbeiten wollen, faul herumliegen und im wahrsten Sinne des Wortes alles in den Allerwertesten geschoben bekommen. Wir müssen den Menschen helfen, die Arbeit finden wollen! Wir müssen den Menschen die Kapitalanlage erleichtern. Wenn die Menschen wissen, wie das funktioniert, wird der Wille steigen, mehr zu tun, sich auf den Hosenboden zu setzen.

Zu wissen, dass das Geld nicht unter der Inflation leidet, weil man das Geld in solide, zuverlässige Konzerne investiert hat, ist, denke ich, ein Motivationsschub, mehr machen zu wollen.

Google: http://google.de
Suchbegriff: inflation

Die Menschen benötigen eine Perspektive, ein Ziel vor Augen! Davon profitiert die Gesellschaft.

Ja, all das hat mit Information zu tun.

Hast du schon mal darüber nachgedacht, deinen Handyvertrag zu ändern? Was ist mit der Autoversicherung? Was ist mit dem Stromanbieter? ... Überlege dir, wo du Kosten einsparen kannst. Umso schneller wirst du profitieren können.

Das Internet bietet dir viele Möglichkeiten. Du musst nur suchen! Lies Bewertungen von Menschen, die mit einem Produkt Erfahrung gemacht haben. Was spricht dafür? Was spricht dagegen?

Informiere dich! Vertraue denjenigen, die sich in der Vergangenheit behauptet haben!

Je mehr Informationen wir aufnehmen, desto weniger verstehen wir. Unser Gehirn mutiert zu einem vollgesogenen Schwamm und ertrinkt so in sich selbst.
Manfred Poisel

Kleine Aufgaben für dich

Im letzten Kapitel „Informationen sammeln" habe ich dir erklärt, dass es wichtig ist, Informationen zu sammeln. Ich habe dir noch ein paar Informationen vorenthalten. Mir persönlich sind diese Informationen nicht so wichtig. Daher werde ich auch nicht darauf eingehen. Man sollte dennoch davon gelesen haben.

Du kannst dich gerne bei Google darüber informieren.
Was ist „declaration date" in Bezug auf die Dividende?
Was ist „ex-dividend date" in Bezug auf die Dividende?
Was ist „record date" in Bezug auf die Dividende?
Was ist „payment date" in Bezug auf die Dividende?
Was ist eine „Watchlist"?
Was ist ein „Bärenmarkt"?
Was ist ein „Bullenmarkt"?

> *Anderen die Aufgaben abzunehmen heißt:*
> *sie in ihrer Entwicklung zu behindern.*
> *Else Pannek*

Bank wechseln

Im Kapitel „Wie und wo kaufe ich die Aktien?" habe ich beschrieben, dass ich wegen Kontoführungsgebühren etc. die Bank gewechselt habe. Ich bin jetzt bei der Consorsbank und sehr zufrieden.

Du musst deine jetzige Bank nicht wechseln. Du musst auch nicht zur Consorsbank. Es gibt noch viele andere gute Banken (Broker). Ich spare dadurch eine Menge Geld und habe sogar noch einige andere Vorteile. Daher habe ich meine Bank gewechselt. Es ging nicht anders. Ich bezahle nun nur Gebühren für Aktienkäufe und für Aktienverkäufe. Pro Kauf und Verkauf sind es ca. 5 bis 11€. So war es jedenfalls bei mir. Das scheint erst mal viel Geld zu sein, aber wenn du regelmäßig Ausschüttungen erhältst, amortisieren sich die Gebühren.

Google: http://google.de
Suchbegriffe: broker vergleich

Ein Bankwechsel ist immer mit mehr oder weniger Aufwand verbunden.

Zunächst musst du über die Bank-Website ein Traderkonto in Verbindung mit einem Girokonto eröffnen. Du erhältst ein Schreiben, welches du ausfüllen und bei der Post via Post-Ident-Verfahren verschicken musst. Du benötigst dazu deinen Personalausweis. Was du tun musst, wird dir detailliert beschrieben.

Trade = Handel

Hast du nun ein Trader- und ein Girokonto eröffnet, kannst du zusätzlich ein Tagesgeldkonto eröffnen (mehr Zinsen als bei dem Girokonto). Melde dich dazu schriftlich oder telefonisch bei der Bank.

Hast du das Girokonto eröffnet, musst du Geld auf das Girokonto überweisen und auf deinem derzeitigen Girokonto ebenfalls ausreichend Geld liegen lassen.

Deine Aufgabe ist es nun, deinem Arbeitgeber, allen Versicherungen, dem Finanzamt und sonstigen Vertragspartnern die neuen Girokontoinformationen mitzuteilen, da zukünftig auf dieses Konto dein Gehalt/Lohn überwiesen und Verschiedenes davon abgebucht wird.

Änderung der Bankverbindung - entsprechende Vertragsnummer

Sehr geehrte Damen und Herren,

meine Bankverbindung hat sich wie folgt geändert:

Kontoinhaber: dein Vor- und Nachname
IBAN: DE12 3456 7891 2345 6789 12
BIC bei Bankname: ABCD1234

Bitte verwenden Sie diese ab dem 01.09.15 für das Lastschriftverfahren. Geben Sie mir bitte Bescheid, wenn Sie die Bankverbindung geändert haben, da ich das jetzige Konto demnächst auflösen werde.

Vielen Dank.

Mit freundlichen Grüßen

Deine Unterschrift

Im obigen Muster habe ich einen Stichtag genannt, da du irgendwann einen Cut machen musst. Bis dahin müssen alle Banktransaktionen über das neue Girokonto laufen. Solange die Änderungen nicht vollständig sind, müssen beide Girokonten mit ausreichend Geld gedeckt sein. Kennen alle deine Vertragspartner die neuen Bankinformationen, kannst du deiner jetzigen Bank einen Brief schreiben, dass du das Giro- und Tagesgeldkonto zum nächstmöglichen Zeitpunkt auflösen möchtest. Gib dabei deine neuen Girokontoinformationen an. Das vorhandene Geld soll entsprechend auf das neue Girokonto überwiesen werden.

Beachte bitte, dass du die Kontoinformationen beispielsweise auch bei deinem Paypal-Konto aktualisierst. Bist du in einem Verein Mitglied? Wird der Jahresbeitrag eingezogen? Auch hier musst du die neuen Bankverbindungsdaten weitergeben.

Unter dem Strich habe ich ca. 15 Briefe schreiben müssen, bis alle Vertragspartner von meiner neuen Bankverbindung wussten.

Hast du es nun endlich geschafft und die Bank vollständig gewechselt, kannst du mit dem Investieren beginnen.
Übrigens: Der Bankwechsel macht die meiste Arbeit. Aber: Es geht schließlich auch darum, die Ausgaben zu reduzieren! Oder willst du unnötiges Geld ausgeben? Weiterer Vorteil: Du hast einen Überblick über deine gesamten Verträgen.
Diese sollte man eigentlich auch schon vorher haben ;-)

Bei der Consorsbank habe ich nun insgesamt drei Konten. Ein Giro-, ein Tagesgeld- und ein Verrechnungskonto. Auf dem Tagesgeldkonto erhältst du den höchsten Zins. Das Verrechnungskonto wird für den Aktienkauf benötigt. Auf dieses Konto musst du Geld überweisen, wenn du Aktien kaufen willst. Überweist du von dem Girokonto, kannst du bei dem Empfänger dein Verrechnungskonto auswählen. Du musst also nicht die Bankverbindungsdaten von deinem Verrechnungskonto eingeben. Hast du zum Beispiel 510€ auf dein Verrechnungskonto überwiesen, kannst du in deinem Depot über den Kaufen/Verkaufen-Schalter nach der WKN oder ISIN deiner Aktie suchen.

In dem Kapitel „Wo suche ich nach Konzernen?" habe ich beschrieben, was WKN und ISIN ist.
Wie hoch die Gebühren sind, habe ich im Kapitel „Wie und wo kaufe ich die Aktien?" beschrieben.

Hast du deine Aktie gefunden, musst du nun drei Dinge festlegen:
Limit! Wieviel bezahle ich pro Aktie?
Beispiel: 50€
Anzahl Aktien - Wie viel Aktien möchte ich kaufen?
Beispiel: 10
Börse/Handelsplatz
Beispiel.: Tradegate

Du kannst nun die Aktien kaufen.
Die Gebühr von beispielsweise 4,95€ wird für die 10 Aktien und nicht pro Aktie fällig.

Der Verkauf funktioniert ähnlich. Für wie viel möchtest du die Aktie mindestens verkaufen? Das ist das Limit.

Was ist nun mit den Dividenden?
Jetzt heißt es abwarten und Däumchen drehen. Die Dividenden werden dir automatisch auf das Verrechnungskonto überwiesen. Entweder du reinvestierst das Geld oder du überweist das Geld auf das Giro- oder Tagesgeldkonto.
TIPP: Wann wird die Dividende gezahlt? Hast du im Kapitel „Kleine Aufgaben für dich" die Fragen geklärt?

Der Kauf von Aktien verhält sich immer gleich. WKN oder ISIN suchen und die drei oben genannten Informationen angeben. Fertig.

Kannst du dich an die Kapitel „Steuerwahnsinn" und „Währungskurse" erinnern? Kompliziert, nicht wahr? In deinem Konto kannst du unter der Rubrik „Steuer" deinen Steuerfreibetrag, deine Steuernummer und gegebenenfalls deine Konfessionszugehörigkeit (Glaubenszugehörigkeit) hinterlegen. Verkaufst du Aktien mit Gewinn oder erhältst Dividenden, wird dieses automatisch mit dem Steuerfreibetrag verrechnet. Die mathematischen Aufgaben in beiden Kapiteln übernimmt die Bank für dich. In Deutschland, in Großbritannien und in den USA werden dir insgesamt ca. 30% Steuern abgezogen. Hast du in der Schweiz investiert, musst du über 45% Steuern zahlen. Die Höhe der Steuer ist von der Quellensteuer abhängig. Wie gesagt, die Bank rechnet für dich.
Also folgende Informationen bei der Steuer hinterlegen:
Steuerfreibetrag, Steuernummer, gegebenenfalls Konfessions-zugehörigkeit

> *Gewohnheit ist oft ein Mangel an Überlegung und Erkenntnis.*
> *Else Pannek*

Steuerwahnsinn Teil 2

Da mich das gesamte Finanzsystem sehr stark interessiert, bin ich auf die Reportage „Zeitbombe Steuerflucht - Wann kippt das System?" von dem Fernsehsender Arte aufmerksam geworden. Die Reportage wurde am 22. Juli 2014 um 20:15 Uhr im Fernsehen ausgestrahlt. Die Reportage dauert ca. 90 Minuten. Du findest diese bei Arte auf der Website.

Google: http://google.de
Suchbegriffe: arte reportage steuerflucht

Es wird davon berichtet, wie große Konzerne die Gelder von einem Land in das nächste Land transferieren, um nicht Steuern zahlen zu müssen. Die Konzerne geben Millionen dafür aus, Milliarden einzusparen.

In der Reportage von Arte sagt ein Fachmann, dass man dagegen nichts unternehmen könne, weil die Gesetze dort entstehen, wo der Geldbeutel geöffnet wird.

Was heißt das für uns Otto Normalverbraucher?
Geht auf die Straße und protestiert, haltet die Schilder mit der Beschriftung „Stoppt die Steuerflucht" in den Himmel.
Nein, das ist sicherlich nicht die Lösung. Diejenigen, die an den langen Hebeln sitzen und das Geld in der Tasche haben, sitzen vermutlich zurückgelehnt in ihrem Bürostuhl, mit den Füßen auf dem Schreibtisch, und qualmen eine Zigarre.

Du und ich, wir können dagegen nichts unternehmen. Wir können entweder jammern und verzweifeln oder handeln. Jammern und verzweifeln ist der falsche Weg. Beteilige dich an den großen, zuverlässigen Dividendenkonzernen. Schwimme mit dem Strom und nicht gegen den Strom. Bist du selbstständig, hast einen eigenen Laden und leidest von Jahr zu Jahr mehr darunter, dass große Konzerne dir das Geschäft ruinieren? Ja? Jammern hilft dir nicht. Dort draußen in der großen weiten Welt sind Konzerne, die zuverlässig jedes Jahr Dividende zahlen, die jedes Jahr zuverlässig die Dividende erhöhen. Einige von ihnen erhöhen seit über 30, 40 oder gar 50 Jahren die Dividende. In diese Konzerne musst du investieren. Diese Konzerne musst du unterstützen. Natürlich ist der Anfang nicht leicht, weil es Geduld und Disziplin benötigt. Investieren bedeutet, Geld auszugeben, um langfristig davon zu profitieren.

Bist du nicht selbstständig, dann macht es ebenfalls Sinn, zu investieren. Ich habe heute (26. Juli 2014) in der regionalen Tageszeitung gelesen, dass in einem Kindergarten die Gebühren um 20€ erhöht werden, da die Kosten für das Gebäude des Kindergartens gestiegen sind bzw. steigen werden.

Ja, die Liebe, die Familie, die Hobbys ... sind sicherlich wichtiger als das Geld. Denke aber daran, dass in dieser Gesellschaft nichts umsonst ist. Wenn die Kosten steigen, solltest du nicht zuschauen, sondern handeln. Lass dich nicht unterkriegen!

Wenn du vierteljährlich, halbjährlich oder jährlich regelmäßiges Einkommen von großen Konzernen hast, ist es doch eine feine Sache. Dass diese Zahlungen gekürzt werden, ist eher unwahrscheinlich. Wahrscheinlicher ist es, dass der Staat die Steuern für die Dividendenzahlungen erhöht. Wenn die Staatsregierung sozial ist und merkt, dass Otto Normalverbraucher wie du und ich davon profitieren können, sollte sie die Steuern kürzen! Davon profitieren letztendlich auch die regionalen Geschäfte.

Bist du in einem Verein tätig? Ist bei dir im Verein auch davon die Rede, wie die Kosten steigen? Wie sind die Heizkosten der letzten Jahre im Sportlerheim gestiegen? Wie sind die Heizkosten in der Sporthalle gestiegen? Musste dein Verein mit einem anderen Verein eine Spielgemeinschaft bilden, weil Spieler aus beruflichen Gründen den Verein verlassen haben? Benötigt ihr im Verein neue Trikots oder neue Sportanzüge? Ja, all das hat mit Geld zu tun.
Als Verein darf man nicht so viel Geld einnehmen, da sonst Steuern gezahlt werden müssen. Wurde in den letzten Jahren in deinem Verein der Jahresbeitrag erhöht?

Was spricht dagegen, 10% der Einnahmen in solide, zuverlässige Dividendenkonzerne zu investieren? Wenn das Geld im wahrsten Sinne des Wortes „Dumm auf dem Konto liegt", wird der Verein langfristig Geld verlieren und muss wieder die Beiträge erhöhen. Dadurch werden eventuell wieder Mitglieder austreten. Die Dividenden müssen zwar versteuert werden, aber als Verein hat man eventuell auch einen Steuerfreibetrag. Dein Verein kann sich diesbezüglich bei dem zuständigen Finanzamt melden und nachfragen. Das kannst natürlich auch du tun. Stimmt auf der Jahreshauptversammlung ab, welchem Konzern ihr vertrauen wollt.

> *Ein Land, das versucht, durch Steuern reich zu werden, ist wie ein Mann,*
> *der in einem Eimer steht und versucht, sich selbst am Henkel nach oben zu ziehen.*
> *Sir Winston Churchill*

Zusammenfassung der wichtigsten Punkte

Ich empfehle dir, die drei genannten Bücher zu lesen! Du findest diese nochmals im Kapitel „Buchempfehlungen". Erfahrung, Vertrauen und Demut (Bodenständigkeit) sind wichtige Faktoren. Investiere in das, was du verstehst. Vertraue und orientiere dich an den erfolgreichen Menschen/Konzernen. Beschäftige dich damit, warum sie so erfolgreich sind. Höre nicht auf diejenigen, die bisher keine Erfolge vorweisen können. Zeige Demut. Sei bescheiden. Erfolg benötigt Disziplin und Geduld. Vermeide unnötige Kredite und sonstige Verträge. Lass dir diesen Unsinn nicht aufschwatzen. Reduziere deine Ausgaben. Kannst du dich an den 5.000-€-Kredit erinnern? Wie verhält sich ein 100.000-€-Kredit bei einer Laufzeit von 25 Jahren?

Hast du ein eigenes Haus, dann macht gegebenenfalls eine Versicherung gegen einen Sturm-, Wasser- oder Feuerschaden Sinn. Bei einem Auto macht ebenso eine Versicherung Sinn. Hast du ein Elektrogerät? Macht diese Versicherung Sinn? Wie wahrscheinlich ist es, dass du dein Elektrogerät zerstörst bzw. könntest du dir nicht für das eingezahlte Geld ein neues Elektrogerät kaufen? Wir Otto Normalverbraucher müssen im Kleinen denken. Dort fängt der Erfolg an! Jeder Kredit schwächt uns! Jeder Kredit macht uns träge!

Lies dieses Buch erneut. An verschiedenen Stellen habe ich dir Fragen gestellt. Hast du dich beispielsweise mit der Frage beschäftigt, welche Konzerne die Sponsoren deines Lieblingsvereins, deines Lieblingsspielers sind? Lies dieses Buch erneut und kläre die Fragen, die ich dir gestellt habe. Eventuell findest du den ein oder anderen zuverlässigen Konzern, der seit vielen Jahren zuverlässig die Dividende erhöht.

Die Dividendenrendite ist wichtig. Ich halte zurzeit einige Konzerne in meinem Depot, die nach Steuern eine Dividendenrendite von über 4% haben. Bei anderen liegt die Dividendenrendite bei ca. 2 oder 3%. Wahrscheinlich werden sie nächstes Jahr die Dividende wieder erhöhen. Somit steigt wiederum die Dividendenrendite und damit meine Einnahmen.
100 geteilt durch Aktienkurs EU mal Dividende EU ergibt die Dividendenrendite.
Die Währung des Aktienkurses und der Dividende müssen identisch sein. Willst du die Steuer berücksichtigen, ziehe von der Dividende 30% bis 45% Steuern ab. Dann hast du ungefähr den Nettobetrag, der später auf deinem Konto erscheint.

Sei in einer Finanzkrise stark, auch wenn dein Depot fällt. Die zuverlässigen Konzerne werden trotzdem die Dividende zahlen und gegebenenfalls erhöhen!

Wenn möglich, solltest du die Aktien über Tradegate (Handelsplatz) kaufen, damit die Gebühren so niedrig wie möglich sind.

Informiere dich gewissenhaft! Im Zweifel kannst du immer auf der Firmenwebsite nachschauen. Dort findest du den Punkt Investor Relations.

Zahlt ein Konzern nicht zuverlässig die Dividende, verkaufe die Aktien. Zuverlässige Konzerne gibt es genug!

Stelle dir bei jedem Investment die Frage, ob du - und die anderen Menschen auf diesem Planeten - in den nächsten 10, 30, 50 oder ... Jahren auf die Produkte des Konzerns verzichten kannst! Die Investitionen musst du langfristig sehen. Langfristig bedeutet für mich mindestens 10 Jahre. Mein Ziel ist es, die Investments bis zum Lebensende zu halten.

WICHTIG: Nimm keinen Kredit auf, um das Geld in Aktien zu investieren! Sei vorsichtig! Behalte auf deinem Giro- oder Tagesgeldkonto liquide Mittel, damit du unverhoffte Kosten bezahlen kannst.

> *Leichtsinn ist, die heutigen Bedürfnisse aus den Einkünften von morgen zu befriedigen.*
> *Ambrose Bierce*

Persönliches Resümee

Geschafft! Das ist mein erstes Buch! Ich hoffe, ich kann dir mit dem Inhalt Anregungen geben und in eine bessere Zukunft verhelfen. Mir bereitet es jedenfalls Kopfzerbrechen, wenn ich darüber nachdenken muss, wie in den letzten Jahren die Preise in die Höhe gestiegen sind. Ein Liter Super hat in der Vergangenheit ca. 1,30€ gekostet. Jetzt sind es ca. 30 Cent mehr. Klassenfahrten kosten ca. 700€. Die jährliche Inspektion des Autos muss gezahlt werden. Die Mietkosten steigen, weil unter anderem die Energiepreise steigen bzw. die Mietwohnungen saniert werden müssen. Darauf können wir leider wenig Einfluss nehmen. Du und ich, wir können aber schauen, wo man Ausgaben reduzieren kann. Ich will jedenfalls nicht auf Pump leben! Investierst du in solide Konzerne, kannst du jährlich die Früchte ernten. Ich muss zu keinem Baum laufen und einen Apfel pflücken. Der Apfel erscheint automatisch zum Teil auf meinem Konto. Ein Viertel bzw. die Hälfte des Apfels wird von den entsprechenden Staaten einbehalten. Trotzdem ist das Nettoergebnis besser als der Zins einer Bank. Seitdem ich die drei genannten Bücher gelesen habe, habe ich finanziell einiges geändert. An dieser Stelle möchte ich ein großes Dankeschön an die Autoren aussprechen! Man muss nur auf dem Boden bleiben und seriös handeln! Das ist kein Glückspiel. Beim Glückspiel gehst du große Risiken ein. In der Regel verliert der Spieler. Bist du Investor eines großen Konzerns, ist es nicht unwahrscheinlich, dass du gewinnst. Mir hat es jedenfalls in den letzten Monaten Freude bereitet, regelmäßig Dividendeneingänge auf dem Konto zu sehen. Als ich meine beiden Bausparverträge aufgelöst habe, musste ich komplizierte Formulare ausfüllen. Jetzt kann ich unkompliziert Aktien kaufen. Der Kauf verhält sich ähnlich einfach wie bei Ebay.

Übrigens: Hast du irgendwelche Versicherungen oder Bausparverträge abgeschlossen? Dort solltest du auch eine ISIN oder WKN finden ;-) Schau doch mal nach, ob diese ebenso an der Börse gehandelt werden!

In Selbstmitleid zu enden und zu jammern bringt nur mehr Unglück. Denke positiv, auch wenn es nicht immer einfach ist. Die genannten Bücher zu lesen, ist das Beste, was mir bezüglich der Kapitalanlage passiert ist. Einfach und verständlich.

Buch 1: Erfahrung
Buch 2: Vertrauen
Buch 3: Bodenständigkeit
Vertraue erfahrenen Menschen und bleibe bodenständig.

Die erste Investition hat bei mir mit dem Kindle von Amazon begonnen. Durch den Willen, etwas verändern zu wollen, und durch die Bewertungen der Leser bin ich auf diese Bücher aufmerksam geworden.

Ich musste einfach handeln. Es wäre dumm gewesen, wenn ich es nicht getan hätte. In diesem Buch möchte ich dir zeigen, wie du seriös an der

Börse investieren kannst, welche Kosten dich erwarten, welche Schritte du tun musst. Ich betrachte mein Depot von Aktien großer, solider, zuverlässiger Konzerne als Aktienplantage. Kann ich mich auf diese verlassen, werde ich weitere Aktien kaufen. Von dem ersten Konzern ernte ich Äpfel. Von dem zweiten Konzern ernte ich Birnen. Von dem dritten Konzern ernte ich Zitrusfrüchte.

Das Depot ist ein Familien-Generationenvertrag, denn nach meinem Ableben können meine Kinder davon profitieren! Von meiner Rente werden sie nicht profitieren können.

Ich habe es geschafft, die eigene Trägheit zu überwinden. Wie schaut es bei dir aus? Warum hast du dieses Buch gelesen? Möchtest du deine Kapitalanlage ändern? Laut jammern und kapitulieren bringt jedenfalls nichts!

If you can´t beat them join them!

Viel Erfolg beim Informieren und Investieren! :-)

Michael

www.aktienplantage.de

PS:
Bitte denke daran: Auf diesem Planeten müssen Menschen hungern. Mensch und Tier werden von Unmenschen unterdrückt und gejagt. Kriege werden geführt, die keinen Sinn ergeben. In den

Wirtschaftsländern muss man nur wollen, den Willen in Taten umsetzen, dann hat man Erfolg. Wenn du in Konzerne investierst, die seit vielen Jahren/Jahrzehnten Dividenden nicht senken, sondern beibehalten oder erhöhen, ist es nicht unwahrscheinlich, dass sie die nächste Finanzkrise überstehen werden. Betrachte die Finanzkrisen als Sommerschlussverkauf. So mancher Mensch oder manches Tier wäre froh, hin und wieder mal eine Finanzkrise aussitzen zu müssen. Disziplin und Geduld sind gefragt! Hilf anderen, wenn du kannst! Peter Maffay ist ein gutes Beispiel!

An dieser Stelle möchte ich dich noch mal auf das Kapitel „Bitte lesen - Hinweise zum Inhalt des Buches" hinweisen.

Eine Sache möchte ich dir noch mitteilen. Durch Zufall habe ich erfahren, welcher Konzern Rekordhalter an der Wall Street ist. Es handelt sich hierbei um Stanley Black & Decker (ISIN: US8545021011). Dieser Konzern zahlt seit 1877 Dividende. Das ist ein Rekord! Bis in das Jahr 2014 wurde ununterbrochen Dividende gezahlt. Der Konzern hat in den letzten 47 Jahren ununterbrochen die Dividende erhöht. Wo der Konzern seinen Standort hat und was der Konzern herstellt, kannst du selbst nachschauen.

Was du tust, wie du es tust, liegt in deiner Verantwortung. Wem du vertraust, ist deine Entscheidung! In diesem Sinne: Viel Erfolg!

> *There are no secrets to success. It is the result of preparation, hard work, and learning from failure.*
> Colin Powell

Buchempfehlungen

Erfahrung
Buchtitel: Finanzberatung? Nein Danke! Ohne Beratung erfolgreich investieren (Finanzen 1)
Verlag: Dr. Olaf Borkner-Delcarlo; Auflage: 2. verbesserte Auflage (17. Dezember 2013)
Autor: Dr. Olaf Borkner-Delcarlo
ASIN: B00EDN90Y2

Vertrauen
Buchtitel: Schnelligkeit durch Vertrauen: Die unterschätzte ökonomische Macht
Verlag: GABAL Verlag (15. März 2010)
Autor: Stephen M. R. Covey, Rebecca R. Merrill
Übersetzer: Ingrid Proß-Gill
ASIN: B00I0UGSMQ

Bodenständigkeit
Buchtitel: BLACKOUT - Morgen ist es zu spät
Verlag: Blanvalet Verlag (19. März 2012)
Autor: Marc Elsberg
ASIN: B007FOKFEU

> *Wenn wir wahren Frieden in der Welt erlangen wollen, müssen wir bei den Kindern anfangen.*
> *Mahatma Gandhi*

Beispiele Dividendenhistorie

Zum besseren Verständnis der Dividendenpolitik von zuverlässigen Unternehmen habe ich hier die Unternehmen Brille Fielmann, Diageo plc und McCormick & Company für einen Zeitraum von zehn Jahren ausgewertet. Dazu habe ich für 10.000€ Aktien der drei Unternehmen gekauft und diese zehn Jahre liegen lassen. (Es handelt sich hierbei um eine Simulierung)

Bitte beachte: was in der Vergangenheit war, muss so nicht in der Zukunft sein! Ich kenne nicht die Zukunft! Trotzdem ist dadurch eventuell verständlicher, welche Vorteile eine langfristige Investition hat und warum Dividendenkürzungen schlecht sind.

Bei den Beispielen habe ich den Nettobetrag ausgerechnet. Ich habe dazu 30 Prozent Steuern von der Dividende abgezogen. Mit einem Steuerfreibetrag wäre der Nettobetrag/die Rendite höher.

Brille Fielmann zahlt 1x im Jahr eine Dividende.
Diageo plc zahlt 2x im Jahr eine Dividende.
McCormick & Company zahlt 4x im Jahr eine Dividende.

Quelle
Investor Relations Diageo plc
Investor Relations McCormick & Company
Finanzen.net Dividendenhistorie von Brille Fielmann
Finanzen.net Wechselkurse
google.com/finance für die Ermittlung der Einkaufswerte

Brille Fielmann (Deutschland)

Am 2. Januar 2004 werden für 9,24€ 1082 Aktien gekauft. Das sind in der Summe 9997,68€.

Zahldatum	Dividende	Netto	Div-Rendite	Erhöhung
8. Jul. 2004	0,40 EU	302,96 EU	3,03%	
7. Jul. 2005	0,40 EU	302,96 EU	3,03%	0,00%
6. Jul. 2006	0,48 EU	363,55 EU	3,64%	20,00%
12. Jul. 2007	0,60 EU	454,44 EU	4,55%	25,00%
10. Jul. 2008	0,70 EU	530,18 EU	5,30%	16,67%
9. Jul. 2009	0,98 EU	742,25 EU	7,42%	40,00%
8. Jul. 2010	1,00 EU	757,40 EU	7,58%	2,04%
7. Jul. 2011	1,20 EU	908,88 EU	9,09%	20,00%
5. Jul. 2012	1,25 EU	946,75 EU	9,47%	4,17%
11. Jul. 2013	1,35 EU	1022,49 EU	10,23%	8,00%
3. Jul. 2014	1,45 EU	1098,23 EU	10,98%	7,41%
		7430,09 EU		

Von 2004 bis 2014 zahlt Brille Fielmann insgesamt über 7430,09€ Dividende. Die Dividendenrendite liegt zuletzt bei 10,98 Prozent. Bezugswert für die Dividendenrendite sind immer die 9997,68€.

In der Spalte Erhöhung siehst du, um wieviel Prozent die Dividende jährlich zum Vorjahr gestiegen ist.

Diageo plc (Großbritannien)

Am 2. Januar 2004 werden für 10,64€ 940 Aktien von Diageo plc gekauft. Den Aktienwert von 746,50 GBp (Pfund Sterling) habe ich mit dem Wechselkurs 0,7018 in EU umgerechnet. In der Summe sind die 940 Aktien 9998,72€ wert.

Zahldatum	Dividende	Wechselkurs	Netto	Div-Rendite	Wechselkurseffekt	Erhöhung
6. Apr. 2004	10,60 GBp	0,6572	106,13 EU			
29. Okt. 2004	17,00 GBp	0,7891	141,76 EU			
	27,60 GBp		247,89 EU	2,48%		
6. Apr. 2005	11,35 GBp	0,6843	109,14 EU			
24. Okt. 2005	18,20 GBp	0,6776	176,74 EU			
	29,55 GBp		285,87 EU	2,86%	15,32%	7,07%
10. Apr. 2006	11,95 GBp	0,6949	113,15 EU			
22. Okt. 2006	19,15 GBp	0,6700	188,07 EU			
	31,10 GBp		301,22 EU	3,01%	5,37%	5,25%
10. Apr. 2007	12,55 GBp	0,6813	121,21 EU			
22. Okt. 2007	20,15 GBp	0,6976	190,06 EU			
	32,70 GBp		311,27 EU	3,11%	3,33%	5,14%
7. Apr. 2008	13,20 GBp	0,7902	109,92 EU			
20. Okt. 2008	21,15 GBp	0,7780	178,88 EU			
	34,35 GBp		288,79 EU	2,89%	-7,22%	5,05%
6. Apr. 2009	13,90 GBp	0,9085	100,67 EU			
19. Okt. 2009	22,20 GBp	0,9112	160,31 EU			
	36,10 GBp		260,99 EU	2,61%	-9,63%	5,09%
6. Apr. 2010	14,60 GBp	0,8775	109,48 EU			
19. Okt. 2010	23,50 GBp	0,8751	176,70 EU			
	38,10 GBp		286,18 EU	2,86%	9,65%	5,54%
6. Apr. 2011	15,50 GBp	0,8777	116,20 EU			
24. Okt. 2011	24,90 GBp	0,8710	188,11 EU			
	40,40 GBp		304,31 EU	3,04%	6,34%	6,04%
10. Apr. 2012	16,60 GBp	0,8248	132,43 EU			
22. Okt. 2012	26,90 GBp	0,8160	216,91 EU			
	43,50 GBp		349,34 EU	3,49%	14,80%	7,67%
8. Apr. 2013	18,10 GBp	0,8528	139,66 EU			
3. Okt. 2013	29,30 GBp	0,8431	228,67 EU			
	47,40 GBp		368,33 EU	3,68%	5,43%	8,97%
7. Apr. 2014	19,70 GBp	0,8274	156,67 EU			
2. Okt. 2014	32,00 GBp	0,7847	268,33 EU			
	51,70 GBp		425,00 EU	4,25%	15,39%	9,07%
			3429,19 EU			

In diesem Beispiel ist in den Jahren 2008 und 2009 sehr schön der Wechselkurseffekt zu erkennen. Obwohl Diageo zuverlässig die

Dividende erhöht, wird wegen des Wechselkurses weniger als in 2007 gezahlt. Langfristig betrachtet, kann die jährliche Dividendenerhöhung den Wechselkurseffekt kompensieren.

McCormick & Company (USA)

Am 12. Dezember 2003 werden für 25,87€ 386 Aktien von McCormick & Company gekauft. Den Aktienwert von 29,68 USD habe ich mit dem Wechselkurs 1,1473 in EU umgerechnet. In der Summe sind die 386 Aktien 9985,60€ wert.

Zahldatum	Dividende	Wechselkurs	Netto	Div-Rendite	Wechselkurseffekt	Erhöhung
21. Jan. 2004	0,14 USD	1,2645	29,92 EU			
16. Apr. 2004	0,14 USD	1,1992	31,54 EU			
16. Jul. 2004	0,14 USD	1,2452	30,38 EU			
22. Okt. 2004	0,14 USD	1,2683	29,83 EU			
	0,56 USD		121,66 EU	1,22%		
21. Jan. 2005	0,16 USD	1,3040	33,15 EU			
15. Apr. 2005	0,16 USD	1,2900	33,51 EU			
22. Jul. 2005	0,16 USD	1,2068	35,82 EU			
21. Okt. 2005	0,16 USD	1,1950	36,18 EU			
	0,64 USD		138,67 EU	1,39%	13,98%	14,29%
20. Jan. 2006	0,18 USD	1,2135	40,08 EU			
17. Apr. 2006	0,18 USD	1,2252	39,70 EU			
21. Jul. 2006	0,18 USD	1,2695	38,31 EU			
20. Okt. 2006	0,18 USD	1,2618	38,54 EU			
	0,72 USD		156,63 EU	1,57%	12,95%	12,50%
19. Jan. 2007	0,20 USD	1,2957	41,71 EU			
20. Apr. 2007	0,20 USD	1,3591	39,76 EU			
20. Jul. 2007	0,20 USD	1,3839	39,05 EU			
19. Okt. 2007	0,20 USD	1,4303	37,78 EU			
	0,80 USD		158,30 EU	1,59%	1,07%	11,11%
18. Jan. 2008	0,22 USD	1,4600	40,72 EU			
25. Apr. 2008	0,22 USD	1,5627	38,04 EU			
21. Jul. 2008	0,22 USD	1,5926	37,33 EU			
17. Okt. 2008	0,22 USD	1,3410	44,33 EU			
	0,88 USD		160,41 EU	1,61%	1,33%	10,00%

Datum	USD	Kurs	EUR			
16. Jan. 2009	0,24 USD	1,3273	48,86 EU			
20. Apr. 2009	0,24 USD	1,2925	50,17 EU			
20. Jul. 2009	0,24 USD	1,4228	45,58 EU			
16. Okt. 2009	0,24 USD	1,4906	43,50 EU			
	0,96 USD		188,11 EU	1,88%	17,27%	9,09%
15. Jan. 2010	0,26 USD	1,4388	48,83 EU			
26. Apr. 2010	0,26 USD	1,3393	52,45 EU			
20. Jul. 2010	0,26 USD	1,2892	54,49 EU			
25. Okt. 2010	0,26 USD	1,3955	50,34 EU			
	1,04 USD		206,12 EU	2,06%	9,57%	8,33%
14. Jan. 2011	0,28 USD	1,3387	56,51 EU			
25. Apr. 2011	0,28 USD	1,4579	51,89 EU			
25. Jul. 2011	0,28 USD	1,4378	52,62 EU			
24. Okt. 2011	0,28 USD	1,3933	54,30 EU			
	1,12 USD		215,33 EU	2,16%	4,47%	7,69%
13. Jan. 2012	0,31 USD	1,2675	66,08 EU			
23. Apr. 2012	0,31 USD	1,3157	63,66 EU			
23. Jul. 2012	0,31 USD	1,2115	69,14 EU			
22. Okt. 2012	0,31 USD	1,3066	64,11 EU			
	1,24 USD		262,99 EU	2,63%	22,14%	10,71%
14. Jan. 2013	0,34 USD	1,3377	68,68 EU			
29. Apr. 2013	0,34 USD	1,3095	70,16 EU			
22. Jul. 2013	0,34 USD	1,3187	69,67 EU			
21. Okt. 2013	0,34 USD	1,3678	67,16 EU			
	1,36 USD		275,66 EU	2,76%	4,82%	9,68%
14. Jan. 2014	0,37 USD	1,3672	73,12 EU			
21. Apr. 2014	0,37 USD	1,3794	72,48 EU			
21. Jul. 2014	0,37 USD	1,3523	73,93 EU			
27. Okt. 2014	0,37 USD	1,2697	78,74 EU			
	1,48 USD		298,27 EU	2,99%	8,20%	8,82%
			2182,15 EU			

In diesem Beispiel hat man jedes Jahr trotz Wechselkurseffekt mehr Dividende bekommen. Durch die hohen Erhöhungen der Dividende wurde im Gegensatz zu Diageo selbst in 2008 und 2009 mehr Dividende als in 2007 gezahlt. Trotzdem hat Diageo in den zehn Jahren insgesamt mehr Dividende gezahlt.

Ich halte Aktien von allen drei Unternehmen, da ich persönlich an die Zukunft der Unternehmen glaube. Wie man in den drei Beispielen sehr schön sehen kann, steigt tendenziell die Dividendenrendite. Durch den Wechselkurs kann man trotz Dividendenerhöhungen auch mal weniger erhalten.

Unter dem Strich sind mir langfristig gesehen 2%, 3%, 4% mit jährlichen Erhöhungen angenehmer und vor allem sicherer als die 0,X% auf dem Giro- oder Tagesgeldkonto. Mit solchen Unternehmen schlage ich jährlich die Inflation (meine Meinung).

Übrigens: Ich habe in den drei Beispielen nicht von dem Aktienkurs gesprochen. Überprüfe doch mal, wie wertvoll die Aktien von Brille Fielmann, Diageo plc und McCormick & Company heute sind. Den Gesamtwert kannst du berechnen, indem du die Anzahl der Aktien mit dem aktuellen Aktienwert multiplizierst. Beachte, dass du den Gewinn mit ca. 30% versteuern musst.

> *Wenn Du nicht bereit bist, eine Aktie für zehn Jahre zu halten, solltest Du auch nicht darüber nachdenken, sie für zehn Minuten zu besitzen. Wenn Du Dir ein Portfolio zusammenstellst, das Aktien von Unternehmen enthält, deren Einnahmen über die Jahre steigen, dann wird auch der Marktwert Deines Portfolios steigen.*
> *Warren Buffett*

Zitate von Unternehmen

Dividendenaristokrat McCormick & Company (Investor Relations)
> *With a solid balance sheet and strong cash flow, we have paid dividends every year since 1925 and increased dividends annually for more than 25 years.*

Dividendenaristokrat Johnson & Johnson (Investor Relations)
> *The Company has 31 consecutive years of adjusted earnings increases and 52 consecutive years of dividend increases.*

Diageo plc (Investor Relations)
2015 interim results investor presentation slides
> *The Interim dividend is 21.5p which is a 9% increase on last year. Diageo's dividend philosophy has been a consistent increase in the annual dividend payable while maintaining dividend cover between 1.8 and 2.2 times relatives to eps*

Vodafone plc (Investor Relations)
Factsheet, 30. September 2014
> *Shareholder returns continue to be a priority*
> *Intention to grow the dividend per share annually*

Brille Fielmann (Investor Relations)
> *Die Fielmann Aktiengesellschaft betreibt seit jeher eine aktionärsfreundliche Dividendenpolitik, wird daran auch zukünftig festhalten.*

Fresenius SE & Co. KGaA (Investor Relations)
> *Durch eine ertragsorientierte Dividendenpolitik sollen unsere Aktionärinnen und Aktionäre auch in Zukunft am Erfolg des Unternehmens teilhaben.*

Bei der Auswahl von Unternehmen ist mir nicht nur wichtig, wie das Unternehmen Geld verdient, sondern auch welche Dividendenpolitik es propagiert. Wichtig ist, dass ein Unternehmen eine positive Dividendenhistorie hat. Solche Unternehmen respektieren meines Erachtens den Aktionär. Somit kann ich den Unternehmen vertrauen und ruhig schlafen.

Herstellung und Verlag:
BoD - Books on Demand, Norderstedt
ISBN 978-3-7347-6476-9